Ravensburger Taschenbücher
Band 136

Gina Ruck-Pauquèt

Die bezauberndsten Kinder der Welt

Mit Zeichnungen
von Lilo Fromm

Otto Maier Verlag
Ravensburg

Originalausgabe
© 1969 by Otto Maier Verlag Ravensburg
Fünfte Auflage in den Ravensburger Taschenbüchern

Umschlagentwurf von Lilo Fromm

Alle Rechte vorbehalten
Gesamtherstellung: Druckerei Am Fischmarkt, Konstanz
Printed in Germany 1974
ISBN 3-473-39136-0

Inhalt

7 Hunderttausend Golddollar

14 Die Erbschaft

18 Drei seltsame Kinder

25 Ein geheimnisvoller Verfolger

29 Die bezauberndsten Kinder der Welt

36 Jemand schleicht ums Haus

42 Sebastian entdeckt etwas

51 Etwas stimmt nicht mit Mister X

60 Jemand ist an der Tür

70 Vier Zöpfe und ein silbernes Auto

79 Die grausige Spur

89 Der Einbruch

97 Eine Hand greift zu

106 Mister X steht im Raum

112 Angela findet den Schlüssel

122 Was wird Sebastian tun?

129 Der Bart ist ab!

134 Ein Abschied, der nicht schmerzt

140 Das letzte Kapitel

Hunderttausend Golddollar

Es muß etwas Besonderes geschehen sein in der Siedlung Morgenfroh. Die hübschen bunten Häuser stehen menschenleer, und wenn nicht die vielen Spuren im Schnee wären, könnte man meinen, die Bewohner von Morgenfroh seien ausgewandert. Nach Kanada vielleicht, oder nach China.

Aber so ist das nicht. Man braucht nur den Fußstapfen nachzugehen, dann findet man auch die Leute. Genau gegenüber vom letzten Haus stehen sie alle miteinander. Und die Katze vom alten Herrn Zwirbel ist auch dabei. Wie ein großes, verspätetes Herbstblatt sieht sie aus mit ihrem goldenen Fell.

„Es ist eine Sensation!" tuschelt die Frau Biederbock hinter der vorgehaltenen Hand, und dabei wirft sie einen flinken kleinen Blick zum Haus hinüber. „So ein junger Mann wie Sebastian der Schornsteinfeger! Wirklich, es ist eine Sensation! Aber es hat ganz und gar seine Richtigkeit", fügt sie hinzu. „Das ist amtlich."

Sie muß es ja wissen, denn ihr Mann, der Herr Biederbock, ist der Amtmann in der Siedlung Morgenfroh. Außerdem weiß sie immer alles früher als die anderen. Sie sammelt Neuigkeiten, so, wie manche Leute Briefmarken sammeln.

„Hatschi!" sagt Herr Zwirbel, und sein weißer Spitzbart zittert dazu.

Herr Zwirbel hat kürzlich ein Buch über den Nordpol gelesen, und weil er ein sehr empfindsamer alter Herr ist, plagt ihn seitdem der Schnupfen.

„Da sieht man wieder, wie es doch letzten Endes richtig zugeht in der Welt. Sebastian der Schornsteinfeger ist der bravste junge Mann in der ganzen Siedlung."

„Er ist ja auch der einzige", bemerkt die Lehrersfrau. „Oder haben wir etwa noch andere junge Männer hier?"

„Man hört etwas von hunderttausend Golddollar!" ereifert sich Frau Biederbock. „Soviel kriegt unsereins nicht einmal im Traum zu sehen!"

Die anderen stimmen ein beifälliges Gemurmel an. Und obwohl es Winter ist und der Schnee ihnen sachte kleine weiße Hüte auf die Köpfe schneit, gehen sie nicht auseinander. Sie reiben sich die eiskalten Nasen mit den Fausthandschuhen warm und bereden die Angelegenheit von allen Seiten.

Nur der Katze wird es bald langweilig. Golddollar lassen sie absolut kalt. Sie dreht sich um und tapst durch den tiefen Schnee nach Hause.

„Was er nur machen wird mit all dem vielen Geld?" grübelt der Wirt. Er ist ein großer, dicker Mann, und wenn er grübelt, pflegt er mit dem Zeigefinger zwischen dem Hemdenkragen und seinem Hals herumzustochern.

„Heiraten wird er mich!" ruft das überaus elegante Fräulein Kittekitt, das im Gasthaus wohnt und den halben Tag vor dem Spiegel verbringt. „Schließlich sind wir so gut wie verlobt!"

Und in Gedanken malt sie sich aus, wie herrlich das Leben sein wird, wenn sie erst einmal eine reiche Frau ist. Jeden Tag wird sie bis zehn Uhr schlafen, und sonntags bis viertel nach zwölf.

„Jedenfalls wird er unsere Schornsteine nicht mehr fegen", sagt die Lehrersfrau. „Das steht fest. So ist das nämlich. Ich kenne die Menschen."

„Und das Tollste daran!" Frau Biederbock stößt ihren Muff geradewegs gegen den alten Herrn Zwirbel vor. „Er soll diese amerikanische Erbtante nie gesehen haben! Heute ist der Bescheid gekommen, daß die Erbschaft da ist. Er muß sie in der Stadt abholen. Kisten und Kästen voller Gold!"

„Solch ein Vermögen", stöhnt der Lehrer Schlick, und er zieht seine beiden blondbezopften Töchter

an sich, als müsse er sie davor beschützen. „Am Ende kauft er sich ein Flugzeug!"
„Und dann dreht er lauter Kreise über der Siedlung, während wir im Ruß umkommen!" fährt seine Frau fort.
Die Lehrersfrau sieht immer etwas schwarz in die Zukunft. Damals, als die Siedlung gebaut wurde,

hat sie prophezeit, daß die Häuser beim ersten besten Regen fortschwimmen würden wie die Enten. Immerhin ist das jetzt schon ein halbes Jahr her, und es ist nicht anzunehmen, daß die Häuser sich noch aufs Schwimmen verlegen.
Eines Tages hatten die Bauräte festgestellt, daß die Stadt entschieden zu klein sei.

„Denn", so bemerkten sie ganz richtig, „eine Großstadt muß eine große Stadt sein, sonst trägt sie ihren Namen zu Unrecht."

Und sie beschlossen, außen herum anzubauen. Auf diese Art entstand die Siedlung Morgenfroh.

„Was eine ordentliche Siedlung ist", sagte der eine Baurat, „die braucht zuerst einmal ein Amt."

„Und eine Gastwirtschaft", betonte der zweite.

„Gut", gab der dritte zu. „Aber ein Haus muß man der Industrie zur Verfügung stellen."

Das taten sie denn auch, denn, was sein muß, das muß sein. So siedelte sich im dritten Haus der Siedlung Morgenfroh der Gesamtverband deutscher Pinselhersteller an. Eigentlich besteht der gesamte Gesamtverband aus einem einzigen Mann. Und den nennen die Leute Herrn Pinsel, – der Einfachheit halber.

In das vierte Haus zog der Lehrer mit seiner Frau ein, und dann bauten die Bauräte noch zwei Häuser für die Bürger. Zwar fielen sie ziemlich klein aus, aber ihren Bewohnern genügen sie vollauf.

In dem einen Haus wohnt der alte Herr Zwirbel mit seiner Tochter Angela und der goldenen Katze und in dem anderen am Ende der Siedlung der Schornsteinfeger Sebastian.

Recht nett und friedlich leben die Leute miteinander. Sie freuen sich an der Sonne, am Schnee, an den glitzernden Eiszapfen, die von den Dächern herabhängen, und überhaupt an allem Schönen.

Eines Tages wird Morgenfroh vielleicht größer werden. Doch eigentlich ist es so gerade hübsch. Riesige alte Bäume stehen ringsherum, und im Winter kommen die Vögel zu den Häusern und holen sich Futter.

„Jedenfalls bleibe ich hier", sagt Sebastian zu sich selber, während er versucht, mit einem Radiergummi die Flecke aus seiner besten Hose zu radieren. „Soviel mir die Tante Pimpernella auch vermacht haben mag — ich bleibe in Morgenfroh!"

Er liebt Morgenfroh sehr. Die Bäume liebt er, die Meisen, die Rotkehlchen, die elegante Kittekitt — und seinen Schornsteinfegerberuf liebt er ganz besonders. Was gibt es auch Besseres, als hoch oben über Dächer zu wandern und in den Himmel zu gucken? Oder auch ein bißchen in die Fenster der Leute? Träumen kann man da oben, oder singen, so laut man nur mag. Ein wunderbares, ein ruhiges Leben lebt Sebastian der Schornsteinfeger. Aber leider bleibt es nur noch genau eine Stunde und vier Minuten lang so. In einer Stunde und vier Minuten wird er nämlich die Erbschaft der Tante Pimpernella antreten. Und diese Erbschaft ist eine Ungeheuerlichkeit!

Die Erbschaft

Sebastian der Schornsteinfeger stapft durch den seidenweichen Schnee der Stadt entgegen. So fröhlich ist er, daß er alle Leute grüßt. Auch die, die er gar nicht kennt.

Hunderttausend Golddollar, überlegt er, sind eine Menge Geld. Wenn ich tatsächlich hunderttausend Golddollar bekomme, gebe ich jedem in der Siedlung etwas ab. Und für mich kaufe ich Sahnebonbons – einen ganzen Sack voll!

Sebastian freut sich. Er schaut sich die Häuser an, die ganz verzaubert aussehen mit ihren hohen weißen Schneemützen, und knistert ein wenig mit dem Zettel, der in seiner Tasche steckt.

„Sie werden gebeten", steht auf dem Zettel, „umgehend zwei große Koffer und noch etwas abzuholen. Die Eisenbahndirektion."

Darum hat Sebastian auf alle Fälle den Schlitten mitgenommen. In den Koffern wird sich das Geld befinden, aber was wohl das andere sein mag, das ‚noch etwas'?

Nun, ich werde es schon erfahren, denkt Sebastian, und vor lauter Übermut reißt er sich die Mütze vom Kopf und schüttelt sie aus, daß die Schneeflocken hochstäuben wie eine Wolke aus feinstem Puderzucker.

Vor dem Bahnhof stellt er den Schlitten zwischen die parkenden Autos und wischt sich schnell mit dem Taschentuch über die Schuhe. Dann setzt er ein Lächeln auf und geht hinein. Es ist der großartigste Augenblick seines Lebens, und er möchte gerne, daß man es ihm ansieht. In der Bahnhofshalle herrscht ein arges Menschengewühl.

„Bitte", fragt Sebastian einen Herrn, „wo ist die Gepäckaufbewahrung?"

„Zwanziguhrfünf", antwortet der Herr, und das hängt wohl damit zusammen, daß die Leute stets ein wenig nervös sind, wenn sie verreisen.

Also macht sich Sebastian allein auf die Suche. An den Fahrkartenschaltern geht er vorüber, den Wartesälen, den Zeitungsständen und an mindestens achthundertfünfundneunzig Menschen.

Dann hat er endlich die Gepäckaufbewahrung entdeckt. Schrecklicher Lärm schlägt ihm entgegen. Es klingt ganz so, als wenn in einem Radio drei verschiedene Sender gleichzeitig spielen.

„Guten Tag", sagt Sebastian höflich.

Der Beamte von der Gepäckaufbewahrung ist so groß wie eine mittlere Pappel. Oder vielleicht steht er auch auf einem Fußbänkchen, man weiß das nicht genau.

„Und?" fragt er mürrisch.

„Ich bin Sebastian, der Schornsteinfeger aus der Siedlung Morgenfroh."

Da strahlt das Gesicht des pappellangen Beamten auf wie eine Straßenlaterne in einer dunklen Nacht. Tränen treten ihm in die Augen, und er hebt die Hände zum Himmel.

„Gott segne Sie", murmelt er gerührt. „Gott segne Sie."

Sebastian denkt, daß der Beamte von der Gepäckaufbewahrung bestimmt ein ganz besonders guter Mensch ist, und er beschließt, ihm ein paar von den Golddollars abzugeben.

„Ich bin der Erbe", sagt er, „und ich möchte zwei große Koffer abholen."

„Alles sollen Sie haben", antwortet der Beamte. „Alles."

Während er Sebastian zwei riesige, unförmige Pappkoffer hinschiebt, schwillt der Lärm im Hintergrund zu fürchterlichem Geheul an.

Natürlich zittert Sebastian ein wenig, als er sich daranmacht, den ersten der beiden Koffer zu öffnen, denn eine große Erbschaft ist noch seltener als ein sauberer Schornstein. Er klappt den Deckel hoch, starrt einen Augenblick ungläubig hinein und schließt ihn gleich wieder. Nichts als leere Blumentöpfe hat er gesehen. Leere Blumentöpfe und einen Haufen Dreck dazu. Von Golddollars keine Spur.

„Sie werden in dem anderen Koffer sein", sagt er zu dem langen Beamten.

Doch der schüttelt grinsend den Kopf.

„Nein", sagt er freundlich, „glauben Sie mir, – im Koffer sind sie nicht. Eine kleine halbe Sekunde mal!"

Und er verschwindet im dunklen Schalterhintergrund. Unheimlich still wird es plötzlich, und gleich darauf sieht sich Sebastian drei Kindern gegenüber. Es sind zwei Jungen und ein winzigkleines Mädchen.

„Da wären sie", behauptet der Schalterbeamte, und er schiebt die fremden Kinder Sebastian dem Schornsteinfeger hin.

„Danke", sagt Sebastian höflich. „Ich brauche keine Kinder, ich . . ."

„Sie gehören dazu", grinst der Mann. „Sie sind das ‚noch etwas'."

Drei seltsame Kinder

Sebastian starrt die Kinder an. Seltsam sehen sie aus, völlig anders als alle Kinder, die er kennt. Der eine der beiden Jungen ist ganz und gar gelb. Gelbe Schuhe, gelbe Hose, gelbe Mütze und gelber Pullover, in den ein großer, bunter Fisch eingestrickt ist. Er trägt eine blitzende Trompete in der Hand und schaut ihn aus schwarzen Augen forschend an.

Der andere Junge ist von Kopf bis Fuß rot angezogen. Mit meerblauen Augen blickt er durch Sebastian hindurch, als wenn er ein glattes Nichts wäre. Er hat eine Trommel vor dem Bauch, und in seinem Pullover hockt ein greller, eigenartiger Vogel.

Das kleine Mädchen in den hahnenschwanzbunten Kleidern aber erschreckt Sebastian am meisten. Es ist wirklich nur halb so groß wie die beiden Buben, und dabei trägt es schon Schuhe mit hohen Absätzen. Aus schmalen grünen Augen sieht es unter dem Rand eines gewaltigen, blumengeschmückten Hutes hervor, und mit beiden Armen hält es eine riesige dicke Gitarre umklammert.

Nein, Sebastian will die Kinder nicht! Eigentlich will er überhaupt keine Kinder. Was soll ein junger, unverheirateter Schornsteinfeger mit Kindern? Und diese Kinder will er schon gar nicht!

„Ach bitte", sagt er zu dem Beamten an der Gepäckaufbewahrung, „könnte es nicht vielleicht ein Irrtum sein?"

Doch der hat seinen Schalter längst geschlossen und ist weit und breit nicht mehr zu sehen.

„Es ist kein Irrtum", sagt der rote Junge, und er schlägt auf seine Trommel, daß Sebastian gleich in die Knie geht.

Aber wenn es kein Irrtum ist, was bleibt ihm dann anderes übrig, als die Kinder zu behalten? So war es schließlich auch der unbekannten Tante Pimpernellas letzter Wille. Und ein derartiger Unmensch ist Sebastian nun auch nicht, daß er drei kleine Kinder, die aus Amerika über den weiten Ozean bis zu ihm gefahren sind, einfach nicht aufnimmt. Also gibt er sich selbst einen Stoß und schluckt alle seine bösen Ahnungen von kommendem Unheil hinunter.

„Ja", sagt er ein wenig verlegen, „wenn das so ist, dann bin ich euer Onkel Sebastian."

Die Kinder starren ihn an.

„Na und?" krächzt das kleine Mädchen endlich mit einer Stimme wie ein junger Rabe.

Sebastian fährt zusammen.

„Bitte?" fragt er verdutzt.

„Ist das der ganze Empfang?" erkundigt sich der Rote.

Sebastian blickt sie der Reihe nach an. Das kirmesbunte Mädchen, den Roten mit der kühlen Miene und den Jungen in Gelb mit dem undurchdringlichen Gesicht und dem krausen schwarzen Haar, das unter der Mütze hervorquillt.

„Wenn ich gewußt hätte, daß ihr kommt", sagt er ärgerlich, „hätte ich Rosen gestreut."

Die drei schauen ihn beleidigt an.

Ich habe etwas falsch gemacht, denkt Sebastian beunruhigt. Vermutlich kann ich mit Kindern nicht umgehen.

„Dann kommt erst einmal mit", sagt er freundlich, und er legt väterlich den Arm um die Schultern des Mädchens.

Aber er zieht ihn dann sehr schnell wieder zurück, denn das seltsame kleine Wesen mit den

Sommersprossen und den schmalen grünen Augen hat schlangenflink in seine Hand gebissen.

„Au!" brüllt Sebastian.

Die drei Kinder grinsen ihn an.

„Wohin sollen wir denn?" fragt der Gelbe.

„Nach Hause natürlich", brummt Sebastian.

„Na, meinetwegen gehen wir mit", sagt der Rote.

„Wo hast du geparkt?"

„Vorm Bahnhof."

Sebastian der Schornsteinfeger nimmt die beiden großen Koffer und geht voran.

Vielleicht ist das alles nur ein böser Traum, denkt er plötzlich. Und wenn ich mich umdrehe, sind sie verschwunden.

Sehr vorsichtig wendet er den Kopf ein wenig. Es ist kein Traum. Hinter ihm trotten drei Kinder, die aussehen wie kleine Vogelscheuchen.

„Na schön", sagt Sebastian, „da sind wir."

Er wirft die Koffer auf den Schlitten und bindet sie fest.

„Was?" krächzt die Kleine verblüfft. „Ist das dein Auto?"

Sebastian schluckt.

„Solltest du tatsächlich keinen Wagen besitzen?" fragt der Rote fassungslos.

„Was hast du dir eigentlich gedacht?" erhebt sich die dunkle, weiche Stimme des Gelbgekleideten. „Glaubst du, wir gehen zu Fuß?"

Sebastian richtet sich auf. Verlegen streicht er sich die Strähnen seiner blonden Haare aus der Stirn. Er hat kein Auto! Nie zuvor ist es ihm aufgefallen, daß er kein Auto hat. Aber jetzt ist ihm diese Tatsache fast ebenso peinlich, als wenn er ein Loch in der Hose hätte.

„Wenn es euch recht ist", schlägt er vor, „setzt ihr euch abwechselnd auf den Schlitten."

„Wieso abwechselnd?" ruft der Knabe mit den meerblauen Augen fröhlich. „Wir setzen uns alle zusammen darauf!"

„Wir sind nämlich müde!" kräht das Mädchen. „Schließlich kommen wir aus Amerika!"

Als ob sie zu Fuß gegangen wären, denkt Sebastian. Aber er hütet sich, das auszusprechen.

„Gut", meint er. „Es wird zwar scheußlich schwer für mich sein, – aber bitte. Wie heißt ihr eigentlich?" fällt es ihm plötzlich ein.

„Ich heiße Mississippi", sagt der Rote und schlägt einen Trommelwirbel.

„Missouri", stellt sich der mit den abgrundtiefen schwarzen Augen vor.

„Und ich bin C Dur", krächzt das Mädchen vom Schlitten herunter.

„Mississippi, Missouri und C Dur", wiederholt Sebastian. Das kann ja heiter werden!

Ein geheimnisvoller Verfolger

Es wird ein äußerst beschwerlicher Weg für den armen Sebastian. Am liebsten hätte er Mississippi, Missouri und die kleine C Dur einfach mit dem Schlitten umkippen lassen. Aber kann man denn so mit Kindern sein, die man gerade erst bekommen hat? Jedenfalls spürt Sebastian zu dieser Stunde Mitleid mit allen Pferden der Welt. Und mit den Eseln auch.

Das Schneetreiben wird immer dichter. Wie ein Vorhang verhängt es die Welt vor Sebastian. Hinter ihm aber dröhnt und plärrt es. Die Kinder spielen auf ihren Instrumenten.

Musikalisch sind sie auch nicht, denkt Sebastian, und er versucht, noch ein wenig schneller auszuschreiten, als könne er damit dem Lärm entgehen. Er beginnt nun zu begreifen, warum der Beamte an der Gepäckaufbewahrung so erleichtert war, ihn zu sehen.

„Ich friere!" schreit Missouri plötzlich. „Ich friere an den Händen und an den Füßen auch."

„Ja", brüllt Sebastian gegen den Radau. „Gleich sind wir da."

Und er freut sich im stillen, daß es Kittekitt gibt. Ganz bestimmt wird sie mit den Kindern fertig werden.

Nicht ein einziges Mal wendet Sebastian den Kopf. Aber selbst wenn er sich umgeblickt hätte, würde er vor lauter Schnee kaum bemerkt haben, daß ihnen jemand folgt. Ein riesiges silbernes Auto schleicht lautlos und in großem Abstand hinter dem Schlitten her. Und am Steuer des Wagens sitzt ein Mann, der sich den Hut tief ins Gesicht gezogen hat.

Als Sebastian endlich die Siedlung Morgenfroh erreicht, laufen alle Leute aus ihren Häusern. Sogar der Herr Pinsel läßt die Berechnungen des jährlichen Pinselverbrauches der städtischen Kleistermeister im Stich und kommt heraus.

„Sebastian ist da!" schreit die Frau Biederbock. „Der Erbe, er lebe hoch!"

„Hoch!" brüllen die Leute, und sie werfen ihre Mützen, ihre Taschentücher und ihre Arme in die Luft. Dann aber erblicken sie die Kinder auf dem Schlitten, und die Münder bleiben ihnen offenstehen wie Karpfen auf dem Trockenen.

„Was glotzt ihr denn?" krächzt die kleine C Dur. „Wohl noch nie Kinder gesehen, was?"

Da klappen die Leute ihre Münder wieder zu und sind entsetzt. Kinder haben sie zwar schon gesehen, aber noch keine dieser Sorte. Sebastian, dem die Sache unbeschreiblich peinlich ist, zieht schnell mit dem Schlitten davon bis vor seine Haustür.

Kittekitt schaut zum Fenster hinaus. Ihre kupfer-roten Haare sind so seidig wie das Fell einer An-gorakatze, und man kann ihr ansehen, daß sie viele Stunden vor dem Spiegel verbracht hat.

„Sebastian!" ruft sie überrascht. „Da sitzen ja Kinder auf deinem Schlitten!"

„Sie gehören zur Erbschaft", erklärt Sebastian, und er tupft sich den Schweiß von der Stirn.

„Basti", fragt Missouri unfreundlich, „ist sie etwa deine Frau?"

„Nein", antwortet Sebastian, „sie . . ."

„Dann schick sie fort!" bestimmt Mississippi. „Ich kann sie nicht leiden."

Laut und deutlich bestimmt er das, und Kittekitt verliert alle Farbe aus dem Gesicht – außer der künstlichen natürlich.

„Du solltest das entschuldigen, Kittekitt", bittet Sebastian der Schornsteinfeger. „Aber sie sind ein bißchen verärgert, mußt du wissen."

„Wir sind doch nicht verärgert!" kräht C Dur fröhlich, während sie mit dem Fuß die Haustür aufstößt. „Wir sind wie immer!"

Das ist also der Einzug der Kinder in die Siedlung Morgenfroh. Zur gleichen Zeit aber hält vor dem Gasthaus ‚Zur Schnecke' ein riesiger silberner Wagen.

„Guten Tag", sagt der elegante Herr mit dem Schnurrbart und den buschigen Augenbrauen,

28

und er lüftet seinen großen Hut. „Ich hoffe, Sie haben ein Zimmer für mich."

Und der Wirt, der nur ein einziges Gastzimmer hat, nämlich das, in dem Kittekitt wohnt, beschließt augenblicklich, in der Badewanne zu schlafen. Er wird dem Fremden sein eigenes Zimmer zur Verfügung stellen.

Denn, so denkt er bei sich, einen so vornehmen Gast kriege ich nicht alle Tage.

Er soll sich noch gewaltig wundern!

Die bezauberndsten Kinder der Welt

„Wo ist das Bad?" fragt C Dur, und sie baut sich vor Sebastian auf wie ein winzigkleiner, frecher Hund.

„Das Bad", stottert Sebastian, „ja — also ein Bad habe ich nicht. Aber du kannst dich hier waschen", fügt er hinzu, „oder oben im Schlafzimmer."

Das Haus, in dem Sebastian wohnt, ist wirklich ziemlich klein. Genaugenommen hat es eigentlich nur zwei Zimmer, wenn man den Garten nicht mitrechnet.

„Ich will mich nicht waschen!" krächzt die kleine C Dur. „Singen will ich. Im Bad schallt es immer

so schön." Sie setzt sich mitten auf den Boden und beginnt, ihre Schuhe auszuziehen.

Kittekitt reibt sich die Augen. Sie glaubt nicht recht zu sehen. Da haben sich die beiden Buben auf zwei Stühle geflegelt und legen die Beine seelenruhig auf den Tisch.

„Hunger!" sagt der Rote, der Mississippi heißt.

„Durst!" fügt der andere hinzu.

Sebastian der Schornsteinfeger schämt sich entsetzlich. Schließlich ist das seine Erbschaft.

„Liebe Kittekitt", flüstert er, „würdest du wohl die Kinder versorgen?"

„Sebastian", entgegnet Kittekitt streng, „wo sind die hunderttausend Golddollar?"

Sie hat für Kinder nicht besonders viel übrig und für Arbeit schon gar nicht.

„Ich habe ein Hühnerauge!" schreit die kleine C Dur. „Holt den Doktor!"

„Später", sagt Sebastian. Und zu Kittekitt gewandt: „Die hunderttausend Golddollar? Die werden wohl in dem zweiten Koffer sein."

Er hebt den Koffer vorsichtig auf die letzte freie Ecke des Tisches, neben die Schuhe der beiden Jungen, und öffnet ihn. Und während die Kinder im Chor: „Hunger, Durst" und „Hühnerauge" singen, beginnt er eilig auszupacken.

Einen plattgedrückten Strohhut packt er aus, einen Revolver, drei Tüten voll grüner Erbsen, ein golddurchwirktes Abendkleid, ein Vogelbauer, eine verrostete Kassette ohne Schlüssel, dreiundzwanzig Zigarren und riesige Mengen vertrockneten Herbstlaubes.

„Wer hat das denn eingepackt?" fragt Sebastian erschüttert.

„Wir", sagt Missouri. „Wir haben nur das Nötigste mitgenommen. Wenn du nichts zu trinken im Hause hast, gehe ich ins Restaurant", fügt er freundlich hinzu.

„Sofort", sagt Sebastian, und er setzt einen großen Topf mit Milch auf den Herd.

Völlig verwirrt ist er, und zu allem Überfluß blickt ihn Kittekitt so unfreundlich an, als hätte er ihr vom Dach herunter ein Häufchen Ruß auf den Kopf geworfen.

„Wozu braucht ihr denn Herbstlaub?" fragt er die kleine C Dur.

„Zum Freuen", sagt sie.

„Vielleicht sind die Golddollar in der Kassette", fällt es Kittekitt ein.

„Nein", meint Sebastian traurig. „Dazu ist sie viel zu leicht."

Er gießt die Milch in drei Becher und schiebt sie den Kindern hin.

„Du denkst wohl, wir sind Säuglinge?" fragt Mississippi entsetzt.

„Widerwärtige Rangen seid ihr!" brüllt Kittekitt.

„Wie das auch sein mag", kräht die kleine CDur, „dich geht es nichts an. Du wohnst ja nicht einmal hier."

Missouri aber zieht einen Brief aus der Tasche seiner zitronengelben Hose und hält ihn Sebastian hin. „Lies das", sagt er sanft. „Sie hat dir alles aufgeschrieben."

„Wer?" stammelt Sebastian.

„Tante Pimpernella", antwortet C Dur ungeduldig. „Nun mach schon!"

Da setzt sich Sebastian auf die Tischkante und beginnt laut zu lesen.

„Lieber Sebastian", liest er, *„dies ist also der Tag, an dem Du Deine Erbschaft in Empfang nimmst. Ich, Deine gute Tante Pimpernella, vertraue Dir all mein Vermögen an. Zwar habe ich Dich nie gesehen, aber mein Gefühl sagt mir, daß Du ein anständiger Junge bist, der in meinem Sinne handeln wird."*

Hier nickt Sebastian mit dem Kopf. Er ist sehr gerührt über die Worte der Tante Pimpernella.

„Lieber Sebastian", liest er weiter, *„pflege meine Zimmerpflanzen. Sie waren der Stolz meiner Tage. Die Begonia metallica beachte besonders."*

„Wo ist die Begonia metallica?" fragt Sebastian.

„Ich habe sie mit eingepackt", murmelt Missouri, und er kratzt sich den krausen schwarzen Schopf. „Sie war wohl ein bißchen empfindlich."

„Dann wirst Du ein goldenes Abendkleid fin-
den", liest Sebastian weiter, *„hänge es an einen*
Ehrenplatz. Ich trug es stets Mittwoch abends.
Und nun, mein guter Sebastian, komme ich zum
Hauptteil Deiner Erbschaft, zu meinem eigent-
lichen Vermögen. Mein lieber, lieber Junge, ich
fühle, sie werden Dich beglücken, so wie sie auch
mein Herz mit Seligkeit füllten. Sie waren mein
ganzer Besitz, mein Hab und Gut, mein goldener
Schatz: die Kinder! Es sind die bezauberndsten
Kinder der Welt!"
Sebastian hält inne. Er schluckt. Noch einmal
überliest er die krakeligen Schriftzüge seiner
Tante Pimpernella.
„Die bezauberndsten Kinder der Welt!" wiederholt er laut und sieht sich nach Kittekitt um.
Aber Kittekitt ist verschwunden. Leise wie Schnee-
fall hat sie die Tür hinter sich ins Schloß gezogen.

Jemand schleicht ums Haus

„Kittekitt!" ruft Sebastian.
Doch es ist zu spät.
„Laß sie gehen!" kräht C Dur. „Sie paßt nicht zu
uns!"

36

„Aber wir wollten heiraten!" fährt Sebastian auf.

„Das hätten wir nicht gern gesehen", sagt Mississippi, und seine meerblauen Augen blicken vorwurfsvoll. „Ein bißchen Rücksicht mußt du ja auch auf uns nehmen."

Da beugt sich Sebastian wieder über den Brief. Er ist schrecklich zornig auf die ererbten Kinder, aber er ist auch ein anständiger Mensch. Und anständige Menschen behalten ihren Zorn für sich.

„Damit du sie richtig behandelst, meine Täubchen, meine Herzblättchen", liest er weiter, *„schicke ich Dir hier eine Gebrauchsanweisung: Da ist zuerst einmal Mississippi, mein kleiner Liebling. Er wird Ssippi gerufen. Ich habe ihn vor Jahren aus einem Waisenhaus im Westen des Landes zu mir geholt. Ssippi ist ein außerordentlich kluges und geschicktes Kind. Meist steht er gegen zehn Uhr morgens auf. Dann trinkt er ein Glas Tee und ißt dazu sechs belegte Brötchen. Den Tag über kann er sich recht gut allein beschäftigen, man darf nur nicht vergessen, ihm mittags sein Kotelett zu braten. Er ist gesund und sportlich und muß jede Woche zum Friseur. Abends trinkt er gerne ein Glas Malzbier und ißt dazu gebrannte Mandeln und Honigbrote.*

Missouri, mein Süßer, wird Ssuri gerufen. Er stammt aus einem Waisenhaus im Süden Ame-

37

rikas und ist ein zarter, verträumter Junge,–man muß etwas Rücksicht auf seine Seele nehmen. Sein Tagesablauf ist unregelmäßig, und es ist wichtig, ihn gleich beim Aufwachen mit einem guten Wort und zwei Tafeln Schokolade zu be- grüßen. Ansonsten ißt er leicht vitaminarm und liebt die Blumen. Mittags und abends ißt er Mak- karoni auf italienische Art mit Salat. Du wirst sehen, er ist ruhig und brav und leidet an kalten Füßen. Du tust gut daran, ihm einen Fußwärmer zu stricken.

C Dur, mein Engelchen, mein Vögelchen, mein Herzchen, habe ich aus einem Waisenhaus im Osten des Landes bekommen. Sie ist ein zärtliches Geschöpf mit viel Sinn für alles Schöne. Gegen zehn Uhr morgens pflegt sie ein Glas Orangen- saft zu trinken, um zwölf Uhr Himbeersaft, um zwei Apfelsaft, um vier Johannisbeersaft, um sechs Pampelmusensaft und um acht Birnensaft. Sie ist sehr empfindsam und ernährt sich über- wiegend von sauren Gurken. Nachmittags be- kommt sie stets eine Geschichte erzählt, und wenn Du ihr dann noch hin und wieder eine Freude machst, wird sie sich sicher sehr wohl bei Dir füh- len. Sie ist ein fröhliches Kind und singt gerne harmlose kleine Liedchen.

Lieber Sebastian, alle drei Kinder sind musika- lisch und durch und durch lebendig. Sie sprechen *ein fabelhaftes Deutsch, denn ich habe mich immer nur in meiner Muttersprache mit ihnen unterhalten. Vielleicht werden sie in der ersten Zeit ein wenig scheu sein. Sei gut zu ihnen, habe sie lieb und erfülle ihnen ihre kleinen Wünsche. Ich werde Euch vom Himmel aus im Auge behalten.*

Deine Tante Pimpernella."

Sebastian wischt sich den Schweiß von der Stirn. Malzbier, kalte Füße und Obstsäfte aller Art schwirren ihm im Kopf herum. Dann blickt er hoch. Die Täubchen und Herzblättchen sitzen nicht mehr an ihren Plätzen. Sie haben den Küchenschrank ausgeräumt und schlingen alles in sich hinein, was nur eßbar ist. Würstchen, Zukker, Puddingpulver, Ölsardinen und Haferflocken. Es war der Vorrat für eine ganze Woche.

Sie werden sich die Mägen verderben, denkt Sebastian noch, dann fühlt er sich plötzlich so elend und zerschlagen wie jemand, der unschuldig zum Tode verurteilt wird. Er bindet seinen Schal um, der so grün ist wie der Garten im Sommer, und geht hinaus.

Es hat aufgehört zu schneien. Der Himmelsbogen steht klar und weit über der Siedlung Morgenfroh, und die Sterne funkeln und blinzeln wie unzählige fröhliche Augen. Die Häuser liegen dunkel und still, nur beim Herrn Zwirbel brennt noch ein Licht. Angela steht am Fenster und schaut hinaus. Sie summt eine kleine Melodie und träumt ein wenig vor sich hin. Vom Glück träumt sie, das so bunt sein soll wie ein Frühlingsmorgen.

Aber davon weiß Sebastian der Schornsteinfeger nichts. Er geht ein paarmal hin und her und hört, wie der Schnee unter seinen Füßen knirscht. Dann sieht er, wie es nun auch beim Herrn Zwirbel dunkel wird. Sanft hält die Winternacht die kleine Siedlung umfangen. Geborgen und friedlich schlummern die Leute in den neuen Tag hinein.

„Na ja", brummt Sebastian, und er fühlt, wie er langsam ruhiger wird.

Als er eben ins Haus zurückgehen will, glaubt er, leise Schritte zu hören. Blitzschnell huscht ein Schatten hinter den Bäumen vorbei.

„Hallo!" ruft Sebastian überrascht.

Doch es bleibt still.

Da werde ich mich wohl getäuscht haben, denkt er. An diesem Tag ist ja auch alles möglich.

Er klopft sich den Schnee von den Schuhen und geht hinein. Verdutzt bleibt er stehen. Die Kinder sind nicht mehr da!

Sebastian entdeckt etwas

„Ssippi!" ruft Sebastian, „Ssuri! C Dur!"
Aber er bekommt keine Antwort. Da dringt von
der ersten Etage her ein eigenartiges Geräusch in
seine Ohren. Es hört sich an, wie wenn ein paar
große Hofhunde um die Wette knurren. Sebastian stürzt nach oben und reißt die Tür auf.
Ssippi, Ssuri und die kleine C Dur liegen friedlich in seinem Bett, bis an die Nasen zugedeckt.
„Vielleicht werden sie in der ersten Zeit ein wenig
scheu sein", fällt es Sebastian ein, und trotz seines Ärgers muß er lächeln.
„Aber es ist eine Unverschämtheit!" knurrt er
leise. „Und daß Kinder derart schnarchen, das
hätte ich nie für möglich gehalten!"
Er tritt ins Zimmer und fährt erschrocken zusammen. Es raschelt! Auf dem Schlafzimmerfußboden
häuft sich das vertrocknete Herbstlaub aus dem
zweiten Koffer.
„Verrußt und verflixt!" sagt Sebastian, und er
will sich daranmachen, es fortzuräumen. Doch
dann besinnt er sich anders. Wo soll er denn
schlafen, da doch sein Bett besetzt ist? Kurzent-
schlossen rollt er sich im amerikanischen Herbstlaub zusammen und schlummert augenblicklich
ein. Und das ist ja auch kein Wunder, wenn man

bedenkt, daß Sebastian bis zum heutigen Tag gewohnt war, ein ruhiges Leben zu führen.

Tief in der Nacht aber, vielleicht ist es eins, fährt er hoch. Nein, das war kein Traum, das war richtiger Lärm!

Sebastian springt ans Fenster und schaut hinaus. In allen Häusern der Siedlung Morgenfroh brennt Licht. Türen werden aufgerissen und Menschen schreien.

Die Ursache sind drei kleine Gestalten, die Sebastian außerordentlich bekannt vorkommen. Ssippi, Ssuri und C Dur wandern die Straße entlang und spielen auf ihren Instrumenten. Ssippi schlägt die Trommel, daß die Mauern beben, Ssuri trompetet in den grellsten Tönen, und C Dur stakst auf hohen Absätzen hinter ihnen her und läßt die Gitarre jaulen.

Die Lehrersfrau glaubt, es sei ein Unglück geschehen. Der Herr Biederbock denkt an einen Überfall und bringt die Akten in Sicherheit. Der Wirt vom Gasthaus ‚Zur Schnecke' droht mit der Polizei. Die goldene Katze des Herrn Zwirbel kriecht vor Schreck in Herrn Zwirbels Sonntagshut, und die Vögel in den Bäumen reißen ihre Augen auf, so weit sie können. Und das tun sie sonst nachts nie. Nur Angela lacht heimlich. Sie hat eine ganz besonders große Menge Humor.

„Sofort kommt ihr nach Haus!" brüllt Sebastian

der Schornsteinfeger in den allgemeinen Radau. „Sofort, sage ich!"

Und der Zorn läßt seine Stimme so gewaltig werden, daß die Kinder ihn hören.

„Komm 'runter, Basti!" kräht die kleine C Dur vergnügt. „Ist toll was los hier!"

Sebastian stolpert die Treppe hinunter und läuft auf die Straße. Es ist eine eisige Winternacht.

„Ssippi!" ruft er, „Ssuri und C Dur — was fällt euch ein?"

„Weshalb schreist du so?" klagt Ssuri mit sanfter Stimme.

Nimm Rücksicht auf seine Seele, erinnert sich Sebastian.

„Was sollen wir denn die ganze Zeit tun?" krächzt die kleine C Dur. „Du kümmerst dich ja nicht um uns!"

„Von nachts stand nichts in der Gebrauchsanweisung!" fährt Sebastian auf. Und dann fügt er sanfter hinzu: „Kommt jetzt nach Hause. Und ab morgen werde ich mich um euch kümmern."

„Wirst du dich wirklich bessern?" fragt Ssippi ernsthaft.

„Ja", antwortet Sebastian, und er würde ihnen sogar einen grüngestreiften Hund versprechen, wenn sie jetzt nur mit ihm ins Haus kommen.

„Ich habe kalte Füße", behauptet Ssuri.

„Geht schon vor", sagt Sebastian.

Er stellt sich mitten auf die Straße, gerade in das Blickfeld seiner erzürnten Nachbarn und macht eine tiefe Verbeugung. „Bitte entschuldigen Sie!" ruft er. „Es soll nicht wieder vorkommen."

Da schlagen ‚klapp' alle Fenster zu, und die Ruhe ist wieder hergestellt.

„Und ihr geht sofort ins Bett!" befiehlt Sebastian den Kindern.

„Warum?" fragt Ssuri.

„Weil Nacht ist", entgegnet Sebastian der Schornsteinfeger. „Habt ihr eigentlich nichts im Sinn, als mich zu ärgern?"

„Aber wie kommst du denn darauf?" fragt Ssippi.

„Wir wollten nur, daß ein bißchen was passiert. Es ist so still hier."

„Auf dem Schiff war immer was los!" kräht C Dur. „Andauernd ist was ins Wasser gefallen. Einmal ein Damenschuh, einmal ein Koffer, ein andermal eine Pfeife, zwei Bücher, ein Radio, ein Füllfederhalter und zuletzt ein Herrenhut."

„So was!" staunt Sebastian. „Das war ja geradezu eine Kette von unglücklichen Zufällen!"

„Das waren doch keine Zufälle", sagt Ssippi, und er schleudert einen Schuh in die Luft und fängt ihn mit dem Fuß wieder auf. „Das waren wir!"

„Ihr seid aber wirklich . . ." will Sebastian auffahren, doch im letzten Moment hält er inne. „Müde", ergänzt er dann.

47

„Wenn du meinst", gähnt Ssuri. „Gute Nacht denn."

Und sie poltern mit gewaltigem Getöse die Treppe hinauf.

Sebastian läßt sich seufzend in seinen kornblumenblauen Plüschsessel fallen. Er vergräbt das Gesicht in den Händen und denkt nach.

Das menschliche Schicksal, so denkt er, ist wie ein Affe. Eine lange Zeit sitzt er ruhig und freundlich da, und auf einmal bewirft er einen mit harten Nüssen.

Und als er das eben gedacht hat, ertönt von oben die Stimme der kleinen C Dur. Die kleine C Dur singt:

> *„Ich bin ein Kind von guter Art,*
> *Bin artig stets und froh,*
> *Die Sache hat 'nen langen Bart,*
> *Ich war schon immer so."*
> *„Tschibumm, tschibumm",*
> fallen die Jungen ein,
> *„Tschibumm, tschibumm,*
> *Sie war schon immer so!"*

> *„Doch krieg ich meinen wilden Tag",*
> hebt die kleine C Dur wieder an,
> *„Dann kann ich anders sein,*
> *Ich such mir wen, den ich nicht mag,*
> *Und beiß' ihn glatt ins Bein."*

„Tschibumm, tschibumm,
Tschibumm, tschibumm,
Sie beißt ihn glatt ins Bein!"

„Ich box ihn zweimal in den Bauch,
Reiß ihm die Haare aus,
Vertrimm ihn mit'nem Fahrradschlauch
Und mach ihm den Garaus."
„Tschibumm, tschibumm,
Tschibumm, tschibumm,
Sie macht ihm den Garaus."

Das sind also die harmlosen kleinen Liedchen, denkt Sebastian.
Und weil er doch nicht schlafen kann, räumt er die beiden Koffer aus. Die Kassette, den Strohhut, den Revolver, die Tüten mit den Erbsen und die Zigarren legt er in seinen Küchenschrank, und den leeren Vogelkäfig hängt er an die Wand. Sehr hübsch macht sich das, und wer weiß – vielleicht kann sich Sebastian eines Tages einen Kanarienvogel kaufen!
Dann nimmt er vorsichtig das goldene Abendkleid hoch. Doch als er es umdreht, sieht er zu seinem Erstaunen, daß es nur eine Hälfte ist. Der gesamte Rückenteil fehlt!
„Das muß eine seltsame Person gewesen sein, diese Tante Pimpernella", brummt Sebastian.

Und er stellt sich vor, daß sie vielleicht nur eine halbe Tante war. Er öffnet den zweiten Koffer und packt die Blumentöpfe aus. Immer einen neben den anderen setzt er auf die Fensterbank, und er gibt in jeden ein wenig von der Erde, die er im Koffer findet. Aber daß sich daraus Tante Pimpernellas Zimmerpflanzen neu entwickeln, ist kaum zu erwarten.

Als er endlich alles versorgt hat, und auch das Feuer im Ofen wieder tüchtig brennt, setzt sich Sebastian an den Tisch und nimmt noch einmal den Brief in die Hand. Und da entdeckt er etwas, das ihm vorher entgangen sein muß. Am Briefrand steht nämlich in der feinen, krakeligen Schrift seiner Tante:

„Gib acht auf die Kassette"

Und dahinter prangen drei Ausrufezeichen!!!

Etwas stimmt nicht mit Mister X

Der nächste Tag ist ein Mittwoch. Mittwochs pflegt Sebastian stets den Schornstein des Herrn Pinsel zu fegen. Montags putzt er den Amtskamin, dienstags den beim Wirt, donnerstags macht er beim Lehrer sauber, freitags beim alten

Herrn Zwirbel, samstags entfernt er bei sich selber den Ruß, und sonntags hat er immer frei.

An diesem Mittwoch muß er jedoch eine Ausnahme machen, und zwar aus den verschiedensten Gründen. Zuerst einmal ist Sebastian müde. Mehr als die halbe Nacht hat er nach dem Kassettenschlüssel gesucht. In der Blumenerde hat er gesucht, im Vogelkäfig, zwischen den Erbsen, im Revolver, im Strohhut und sogar im Herbstlaub. Jedes Blatt hat er umgedreht. Doch alles umsonst.

Draußen scheint die Sonne. Der Schnee flimmert und glitzert. Tief hängen die Zweige der alten Bäume unter der gleißenden Last, und die kleinen Tannen stecken gerade eben noch die Spitzen aus dem Schnee. Tannenspitzenköpfe, auf denen sie gewaltige weiße Hüte tragen.

Von Sebastians Dach wachsen schimmernde Eiszapfen hinab bis ins halbe Fenster. Fünfundsechzig Stück sind es, und sie sehen aus wie ein Perlenvorhang.

Dompfaffen, Kohlmeisen und Sperlinge sitzen beim Futterhäuschen. Und die Raben stolzieren durch Sebastians Garten und machen einen recht feierlichen Eindruck in ihrem schwarzen Federfrack. Aber so sind die Raben nun mal. Sonntags sind sie so, und in der Woche auch.

Sebastian steht auf. Er putzt sich die Zähne und die Schuhe mit zwei verschiedenen Bürsten und bringt die Kuckucksuhr in Gang. Nein, heute kann er keinen Schornstein fegen. Vor allen Dingen muß er einkaufen, denn schließlich hat er nun drei Kinder. Und außerdem ist er auch traurig. Ohne ein Wort hat ihn Kittekitt verlassen, und Sebastian hat doch kein Herz aus Stein!

So beschließt er, sofort zum Gasthaus ‚Zur Schnecke' zu gehen. Einmal, weil Kittekitt da wohnt, und zum anderen, weil dem Wirt auch der Laden gehört, in dem er einkaufen muß.

Die Leute in der Siedlung schlafen wohl noch alle. Es ist so still wie auf dem Kilimandscharo. Das ist nämlich der höchste Berg in Afrika, und da oben wohnt kein Mensch. Nur der goldenen Katze des alten Herrn Zwirbel begegnet Sebastian.

„Guten Morgen", sagt er höflich.

„Miaa", antwortet die Katze, und das heißt auch so etwas Ähnliches.

Der Wirt vom Gasthaus ‚Zur Schnecke' ist schon munter. Sehr munter ist er sogar.

„Einen feinen Gast habe ich", erzählt er Sebastian. „Nur Himbeermarmelade ißt er und Kaviar. Und dazu trinkt er edlen Wein von der teuersten Sorte."

„So", sagt Sebastian. „Wie heißt er denn?"

„Ja", der Wirt stochert mit dem Zeigefinger zwischen dem Hemdenkragen und seinem Hals herum, „also, das weiß ich nicht genau. Er hat eine geniale Schrift, weißt du, – man kann sie nicht lesen. Ich nenne ihn Mister X."

„Aha!" meint Sebastian, und die Sache ist ihm ziemlich gleichgültig.

Er kauft Brötchen, Apfelsaft, Schokolade, Orangensaft, Wurst, Himbeersaft, ein Kotelett, Johannisbeersaft, Makkaroni, Birnensaft, Tee, Salat, Malzbier, saure Gurken und Wolle für einen Fußwärmer. Nur Pampelmusensaft kann er nicht bekommen.

„Was ist nun mit den hunderttausend Golddollar?" fragt der Wirt, und er grinst ein wenig dabei.

„Was soll schon sein!" brummt Sebastian.

„Nun, die Kinder sind ja auch recht nett", spöttelt der Wirt.

Er öffnet Sebastian die Tür, die vom Laden in den Hausflur führt und sieht ihm nach, wie er die Treppe hinaufgeht zu Kittekitts Zimmer.

„Kittekitt!" ruft Sebastian, und er klopft zaghaft an.

„Wer ist da?" tönt es von drinnen.

„Ich bin es, Sebastian der Schornsteinfeger. Ich möchte, daß du zu mir zurückkommst."

„Hör zu", sagt Kittekitt. „Dreh dich um und geh die Treppe wieder hinunter. Und grüß deinen Kindergarten. Aber auf mich mußt du leider verzichten."

„Kittekitt!" schreit Sebastian verzweifelt.

Doch er bekommt keine Antwort mehr. Da dreht er sich tatsächlich um und geht. Aber die Füße sind ihm so schwer, als trüge er Bergstiefel Größe fünfundfünfzig.

Als er zu Hause ankommt, sind die Kinder schon auf. C Dur hängt an der Lampe und schaukelt, Ssuri boxt mit dem kornblumenblauen Plüschsessel, und Ssippi steht auf dem Kopf.

„Was macht ihr denn da?" entsetzt sich Sebastian.

„Morgengymnastik!" kräht C Dur.

Jedenfalls scheinen sie weder erkältet zu sein noch sich die Mägen verdorben zu haben, denkt Sebastian.

„Schöne Wirtschaft hier!" ruft Ssippi von unten herauf. „Nichts zu essen im Haus und niemand da!"

„Ich weiß nicht recht", sagt Sebastian, „aber ich habe das Gefühl, ihr verhaltet euch nicht nach der Gebrauchsanweisung."

„Wir sind ja auch kein Scheuermittel oder so", erklärt die kleine C Dur und blickt ihn aus schmalen grünen Augen an.

Das stimmt natürlich.

Ssippi ißt sieben belegte Brötchen, Ssuri drei saure Gurken und C Dur eine Tafel Schokolade. Dann tuscheln sie miteinander.

„Basti", fragt Ssippi endlich. „Welche Wand sollen wir nehmen?"

„Wozu?" fragt Sebastian.

„Wir wollen probieren, wer am weitesten spukken kann", erklärt Ssuri, während er mit den leeren Tellern jongliert.

„Wenn es euch nichts ausmacht", meint Sebastian, „könnt ihr das vielleicht draußen veranstalten."

„Klar!" sagt Ssippi. „Ich versteh' das schon. Ältere Leute sind immer ein bißchen komisch mit ihrer Wohnung."

Sebastian glaubt nicht recht gehört zu haben.

„Halt!" ruft er, als die Kinder eben verschwinden wollen. „Hat vielleicht einer von euch den Schlüszu dieser Kassette?" Und er zeigt ihnen die Nachschrift in Tante Pimpernellas Brief.

Die Kinder schütteln die Köpfe. In ihren Taschen befindet sich nichts außer einer Gummischlange, einem Buschmesser und drei Dollar fünfzig.

„Und Taschentücher haben wir noch!" kräht C Dur.

Wie auf Verabredung schwenkt jeder von ihnen etwas Goldenes durch die Luft.

„Zeigt mal her", sagt Sebastian. „Das ist doch... Ihr habt also den Rücken aus Tante Pimpernellas Abendkleid geschnitten!"

„Ja", nickt Ssuri. „Hübsch, was?"

57

„Darüber", entgegnet Sebastian, „kann man geteilter Meinung sein."

Und er fühlt sich sehr erleichtert, als die Kinder endlich nach draußen verschwinden.

„Spucken ist blöd!" meint die kleine C Dur. „Sehen wir uns lieber die Gegend an. Aber zuerst machen wir ein paar harte Schneebälle. Es könnte ja sein, daß wir jemandem begegnen."

Als sie eben beginnen wollen, tritt Ssippi die beiden anderen gegen die Schienbeine. Nur so ein bißchen.

„Au!" brüllt C Dur. „Du Rettich! Was fällt dir ein?"

„Kennt ihr den?" flüstert Ssippi.

Es ist zweifellos Mister X, der da die Straße entlang geht. Tief hat er den Schlapphut ins Gesicht gezogen.

„Das ist doch der vom Schiff", tuschelt C Dur. „Genauso einen Hut haben wir ihm ins Wasser geworfen!"

„Und gemerkt hat er es damals auch", sagt Ssuri, und er überlegt sich, weshalb ihm der Fremde mit dem Schnurrbart und den buschigen Augenbrauen wohl so bekannt vorgekommen ist, als er ihm auf dem Schiff begegnete. Doch es will ihm nicht einfallen.

Die Kinder bleiben steif stehen und wenden die Köpfe ein wenig zur Seite. Vielleicht haben sie

Glück, und der Mann übersieht sie. Der seltsame Mister X aber hält bei ihnen an. Lächelnd beugt er sich hinunter und streichelt ihnen die Haare. Das heißt, um den Mund herum lächelt er. Die Augen blicken unverändert ernst unter dem Schatten des großen Hutes.

„Nein!" stößt die kleine C Dur hervor, als er endlich verschwunden ist. „Das verstehe ich nicht! Wie kann jemand, dessen Hut man er-tränkt hat, so nett zu einem sein?"

Die Jungen nicken.

„Eines steht fest", sagt Ssuri, und Ssippi fährt fort: „Mit diesem Mister stimmt etwas nicht!"

Jemand ist an der Tür

Sebastian brät und kocht und siedet. Er rührt und mischt, probiert, verbrennt sich die Finger und schimpft. Und so geht das nun alle Tage. Am schlimmsten sind die Makkaroni. Immer kleben sie aneinander, und sie sind auch mit den freund-lichsten Worten nicht zu bewegen, sich vonein-ander zu trennen. Sebastian bereitet dann eine Art Pudding daraus. Wer weiß, denkt er, viel-leicht muß das so sein.

Doch die Kinder sind anderer Meinung.

„Basti", sagt C Dur, und sie rümpft ihre kleine sommersprossige Nase, „du kochst wie ein Nilpferd singt."

„Ich denke, du ißt nur saure Gurken", meint Sebastian.

Saure Gurken sind einfach, die kauft man nämlich fertig.

„Weißt du", sagt Ssuri mit seiner hübschen, sanften Stimme, „wir haben ihr das ausgeredet. Von sauren Gurken kann ein Kind nicht leben."

Da macht Sebastian sich Sorgen. Wer weiß, was Kinder alles brauchen! Vielleicht behandelt er sie völlig falsch.

„Ich hätte anderes zu tun als zu kochen", brummt er ärgerlich. „Und das Mädchen für alles zu spielen! Die Schornsteine müßte ich fegen, bestimmt sind sie schon ganz verrußt. Was sollen bloß die Leute von mir denken?"

„Ja, ja", nickt Ssippi, und er blickt ihn aus treuen, blauen Augen an. „Nur gut, daß du uns hast, sonst wärst du auch noch allein mit deinen Sorgen."

Sebastian steht auf. Er muß sich Bewegung machen. Von zuviel Zorn kann ein Mensch ebensogut platzen wie ein Luftballon von zuviel Luft.

„Seid ihr satt?" fragt er verärgert. „Oder habt ihr sonst noch Wünsche?"

„Danke", entgegnet Ssippi, und er schnippt mit dem Finger eine saure Gurke quer über den Tisch.

„Ich wünsch' mir eine Badehose!" ruft Ssuri. „Eine grüne mit roten Punkten!"

„Was willst du mit einer Badehose mitten im Winter?"

Sebastian schnappt die Gurke und spießt sie gedankenverloren in einen der Blumentöpfe.

„Zum Freuen!" erklärt C Dur. „Daß du das nicht verstehst!"

„Sagt mir lieber, warum die Kuckucksuhr nicht geht!" brummt Sebastian. „Immer war sie in Ordnung!"

Er klopft ein wenig gegen die Kuckuckswohnungstür, aber nichts rührt sich.

„Auf Wiedersehen Basti!" rufen die Kinder, gerade als Sebastian die Uhr von der Wand nimmt. Er öffnet die hintere Klappe und erstarrt. An Stelle eines Uhrwerkes findet er ein richtiges kleines Nest. Ein Häufchen Stroh liegt da, und darauf ruhen zwei Eier. Sebastian schließt die Augen und reißt sie wieder auf. Das Nest bleibt. Und das ist um so erstaunlicher, weil der Kuckuck nämlich niemals ein Nest baut. Da ist es also auch nicht anzunehmen, daß ein Kuckuck aus Holz von dieser Sitte abweicht.

„Ja", seufzt Sebastian, „ich bin ein geschlagener Mann!"

63

Und wirklich, er hat es nicht leicht. Vorgestern stand ein tauender Schneemann in der Küche, und gestern ist fast das Haus abgebrannt. Und das nur, weil die kleine C Dur ein Herbstlaubfreudenfeuer machen wollte.

Aber das Schlimmste ist, daß sich die Leute beschweren.

„Lieber Sebastian", hat die Frau Biederbock gesagt, und sie hat die rechte Hand aus dem Muff gezogen und den Zeigefinger erhoben, „wenn du schon Kinder hast, mußt du sie auch erziehen! Es geht nicht an, daß sie mir einen Zettel auf den Rücken heften, auf dem ‚DOOF' zu lesen ist! Mir, der Frau des Amtmannes von Morgenfroh!"

„Sie haben völlig recht", gab Sebastian zu, und er beruhigte die Frau Biederbock so gut er konnte. Aber als sie sich umwandte, um hinauszugehen, sah er, daß sie wieder ein Schild auf dem Rücken trug. Und diesmal stand da: „NICHT DOOF!"

Die Lehrersfrau war auch schon da.

„Diese Kinder", hat sie behauptet, „werden einmal im Gefängnis enden. Sie rauchen Zigarren! Sogar das Mädchen!" hat sie hinzugefügt, und dabei hat sie die Arme gegen Sebastians Lampe gebreitet, als wolle sie sie herunterzaubern. „Einen blumengarnierten Hut trägt sie, Schuhe mit hohen Absätzen, und dazu eine dicke, schwarze Zigarre!"

„Nein!" befahl sich Sebastian. „Du darfst nicht darüber lachen! Es ist entsetzlich!"
Am nächsten Tag kam der Wirt und verlangte Aufklärung darüber, wie wohl die Ölsardinen ins Bett der eleganten Kittekitt geraten seien.
Sebastian schüttelt wieder und wieder den Kopf, während er das Geschirr abspült.
Sogar der nette alte Herr Zwirbel hatte Klage erhoben.
„Wissen Sie", hatte er gesagt, „ich liebe ja Kinder sehr. Aber seitdem Ihre drei immer aufs neue ‚Zu verkaufen' an mein Haus schreiben, habe

ich keine Ruhe mehr. Alle Leute stellen mir Fragen, und ich habe schon Ohrenschmerzen vom vielen Hinhören."

„Ssippi, Ssuri und C Dur!" hatte Sebastian seine Stimme erhoben, „hört zu: So geht das nicht weiter! Bis auf eine Menge Unsinn sind eure Köpfe so leer wie Seifenblasen. Glaubt ihr nicht, daß es nettere Dinge gibt als dumme Streiche?"
Die Kinder hatten ihm scheinbar ernsthaft zugehört. Doch in Wirklichkeit hatten sie die Zeit dazu benutzt, drei Reißbrettstifte in den kornblumenblauen Plüschsessel zu legen. Und mit denen war Sebastian dann in äußerst unangenehme Berührung gekommen.
„Es muß anders werden!" sagt Sebastian laut, und zur Bekräftigung seiner Worte stellt er die Kaffeekanne so fest auf den Tisch, daß nur noch ein Häufchen Scherben übrigbleibt.
„Basti!" stürzen da die Kinder ins Zimmer. „Der Mister X ist ständig hinter uns her!"
„Sogar besuchen will er uns jetzt", sagt Ssuri, und er reißt seine abgrundtiefen schwarzen Augen auf.
„Aber das lassen wir nicht zu!" schreit Ssippi aufgeregt.
„Und darum haben wir ihm gesagt", krächzt die kleine C Dur, „daß du die Poporitis hast. Auf Leben und Tod! Und ansteckend sei es auch."

„Laß dich bloß nicht auf der Straße sehen", befehlen sie noch.

Dann sind sie verschwunden.

Noch ehe Sebastian sich von diesem Schreck erholt hat, öffnet sich wieder die Tür.

„Raus!" schreit Sebastian der Schornsteinfeger, denn seine Geduld ist geplatzt wie ein Würstchen im kochenden Wasser.

Aber da ist es der Herr Pinsel.

„Herein meine ich natürlich", verbessert sich Sebastian. „Immer herein. Sie kommen wohl wegen der Kinder?"

„Es sind zwei Gründe, die mich veranlassen, Sie aufzusuchen", sagt der Herr Pinsel.

Er ist ein großer, blasser Mann, der wenig an die Luft kommt und der sich stets sehr gewählt ausdrückt.

„Erstens hätte ich die Freiheit, Sie zu fragen, wieviel Pinsel Sie in einem Jahr verbrauchen. Der Gesamtverband deutscher Pinselhersteller führt eine Rundfrage durch. Und zweitens – was soll ich nun mit diesem Hut anfangen?"

Und er nimmt seinen steifen grauen Hut vom Kopf und hält ihn Sebastian hin.

„Es handelt sich um einen glatten Durchschuß", erläutert Herr Pinsel. „Sie haben eine grüne Erbse durch meinen Hut geschossen. Mittels eines Revolvers."

„So", sagt Sebastian. „Also, zu Frage eins möchte ich Ihnen antworten: einen, nämlich meinen Rasierpinsel. Und zu Frage zwei: eine rote Nelke dranstecken, dann sieht man es nicht mehr."

Der Herr Pinsel ist ein wenig unangenehm berührt, und Sebastian könnte ja wohl auch höflicher sein. Aber wenn immerzu eine Aufregung die andere jagt, dann geht der Mensch daran langsam zugrunde. Und das mitsamt seiner ganzen schönen Höflichkeit.

Diesem Tag folgt ein ruhiger Abend. Die Kinder schlafen endlich, und Sebastian verbindet seine Finger. Er hat die Kartoffeln für morgen geschält. Im Ofen knistert und knattert es, und Sebastian löscht das Licht, um dem Feuerschein zuzusehen, der groß und rot im Raume tanzt wie ein fremdartiges, närrisches Tier.

Wenn es so bliebe, denkt er. So friedlich und still.

Doch im selben Augenblick bekommt er einen gewaltigen Schreck. Die Türklinke bewegt sich! Unendlich langsam wird sie von außen niedergedrückt.

Vier Zöpfe und ein silbernes Auto

„Und als ich gerufen habe, wer ist da?" erzählt Sebastian den Kindern beim Frühstück, „da ist die Türklinke wieder hochgeschnellt, und es hat im Schnee geknirscht, als ob sich jemand eiligst entfernt. Natürlich bin ich gleich ans Fenster gesprungen. Aber ich habe niemanden gesehen. Wahrscheinlich war überhaupt niemand da und es liegt einfach an meinen Nerven", fügt er lächelnd hinzu.

Doch die Kinder tauschen bedeutungsvolle Blicke.

„Ruh dich ein wenig aus", sagt Ssippi gönnerhaft, und er tupft sich Senf auf sein Honigbrot. „Mit dem Geschirr, das machen wir schon."

„Klar!" kräht C Dur. „Wir stellen es einfach vor die Tür. Einmal muß es ja wieder schneien, dann wird es von selber sauber."

„Schönen Dank", sagt Sebastian. „Aber ich möchte doch lieber spülen. Was habt ihr eigentlich gestern gemacht?" fragt er, und er zieht C Dur den Revolver aus der Tasche und verschließt ihn in der Kommode.

„Wir?" fragt Ssuri sanft, während er sich mit Schokolade vollstopft. „Oh, wir haben mit den Lehrerskindern gespielt."

„So!" freut sich Sebastian. „Das ist nett!"

Und in seinem Herzen keimt die Hoffnung auf, daß sich die „bezauberndsten Kinder der Welt" womöglich bessern.

„Basti", fragt Ssippi, „hast du schon gemerkt, daß der Plüschsessel ein Geheimfach hat?"

„Nein", antwortet Sebastian zerstreut, und er

angelt ein paar Erbsen aus der Kaffeekanne.
„Was ist darin?"

„Och", meint C Dur, „vorläufig nur ein Hosen-
knopf."

„Zeigt mal!" Sebastian wird plötzlich hellwach.
Und da haben die Herzblättchen wahrhaftig ein
rundes Loch in den Rücken des kornblumenblauen Plüschsessels geschnitten!

„Mir langt es!" sagt Sebastian. „Jetzt seht zu,
wie ihr allein zurechtkommt. Ich gehe!"

„Wohin gehst du?" fragt Ssuri zaghaft.

„Schornsteine fegen!" schnauzt Sebastian.

„Nein!" brüllt C Dur, und sie krallt die Hand in
sein Hemd, und ein bißchen Bauch kriegt sie auch
zu fassen. „So kannst du das nicht machen!"

„Du mußt dich um uns kümmern", sagt Ssippi.
„Zum Beispiel hast du mir noch immer keinen
Fußwärmer gestrickt!" begehrt Ssuri auf.

„Und dann bist du mit den Geschichten fünf
Tage im Rückstand!" behauptet C Dur.

Und weil Sebastians Gewissen so zart ist wie ein
Spinnengewebe, gibt er nach. Er holt das Woll-
knäuel, das zitronenschalengelb aussieht, und
setzt sich hin. Fünf Geschichten erzählt er, eine
von einer Prinzessin, eine vom Barbarossa, das
war der Kaiser mit dem roten Bart, zwei vom
Mond, und eine von einem Ohrwurm. Es ist
ziemlich schwierig für ihn, denn er ist das Ge-

schichtenerzählen nicht gewöhnt. Das Stricken ist er aber auch nicht gewöhnt, und jedesmal, wenn er zwei Maschen gestrickt hat, fällt ihm eine wieder herunter.

„Hör auf", sagt C Dur plötzlich. „Du kannst das nicht. Tante Pimpernella konnte alles", setzt sie hinzu.

„Ja", bestätigt Ssuri, „das stimmt. Sie hatte eine Köchin, eine Reinmachefrau, einen Chauffeur, eine Schneiderin und drei Kindermädchen."

„So", sagt Sebastian. „Dann wird mir manches klar." Er legt das Strickzeug fort und tritt ans Fenster. „Seht mal!" ruft er.

Im tief verschneiten Garten sitzt ein einsamer Rabe. Er hat sich zu einem dicken Bällchen aufgeplustert, und ein Bein hält er unter den Federn versteckt.

„Sicher ist er krank", meint Sebastian.

Und er geht hinaus und schaut sich das Tier aus der Nähe an. Der Rabe hält den Kopf ein wenig schräg und bleibt sitzen. Da nimmt Sebastian ihn behutsam in beide Hände und trägt ihn ins Haus.

„Er hat ein verletztes Bein", erklärt er den Kindern. „Ich möchte euch bitten, ihn anständig zu behandeln."

Er legt dem großen schwarzen Vogel einen Verband an, setzt ihn in den Käfig und gibt ihm Futter.

73

„Geht in Ordnung!" verspricht C Dur. „Aber wie sollen wir ihn nennen?"
„Mimplifizimus!" schlägt Ssippi vor.
„Du bist ja blöd!" ruft Ssuri. „Bis du das ausgesprochen hast, ist es Abend. Er heißt Butz!"
„Ringelbim nennen wir ihn!" schreit C Dur. „Ringelbim!"
„Seid still", sagt Sebastian. „Es hat geklopft."
„Krah!" erklingt es da vom Vogelbauer her.
Und seitdem heißt der Rabe Herr Krah.
Der Lehrer Schlick steht vor der Tür.
„Sebastian", sagt er, „diese Kinder sind Ungeheuer."
„Guten Tag", sagt Sebastian.

„Sebastian", hebt er wieder an, „meine Töchter haben Glatzen! Bis gestern waren sie blondbezopfte Mädchen, und nun haben sie gar keine Haare mehr."

„Das ist ja grauenhaft!" gibt Sebastian zu. „Aber wie kann man einem kleinen Mädchen alle Haare abschneiden, ohne daß es etwas davon merkt?"

„Sie müssen sie hypnotisiert haben", meint der Lehrer.

„Das glaube ich nicht", Sebastian streicht sich das Kinn. „Aber Sie können selber mit ihnen reden. Kommen Sie herein."

Als Sebastian mit dem Lehrer die Stube betritt, bietet sich ihm ein ungewohnter Anblick. Gerade ausgerichtet sitzen seine drei Kinder nebeneinander, und kaum haben sie den Lehrer Schlick gesehen, da springen sie auch schon auf.

„Guten Morgen, Herr Lehrer!" rufen sie wie aus einem Mund, und sie reichen ihm ihre kleinen schmutzigen Hände.

„Guten Morgen", antwortet der Lehrer Schlick verdattert. Und in so viel Freundlichkeit hinein kann er nun nicht gleich losschimpfen.

„Bitte sehr", sagt Ssuri, und er schiebt dem Lehrer Schlick einen Stuhl hin.

„Nehmen Sie Platz", fügt Ssippi hinzu.

„Nett ist es bei Ihnen", sagt der Lehrer. „Ausgesprochen nett."

75

„Wir fühlen uns auch sehr wohl bei dem lieben Onkel Sebastian", behauptet C Dur. „Darf ich Ihnen eine saure Gurke anbieten?"

„Danke", antwortet der Lehrer, und nach allem, was er von den Kindern gehört hat, ist er sehr überrascht.

„Dann will ich Ihnen ein Liedchen vorsingen", bietet sich C Dur an.

Sebastian fühlt, wie ihm heiß wird. Er kann sich vorstellen, welcher Art dieses Liedchen ist.

„Bitte sehr", lächelt der Lehrer.

Und das kleine Mädchen mit den schmalen grünen Augen packt die große dicke Gitarre und singt:

„Alle kleinen Blümelein
Öffnen ihre Blüten
Weit dem hellen Sonnenschein,
Bienchen sie behüten.

Alle braunen Käferlein
Tanzen einen Reigen,
Schwingen zart ihr Käferbein,
Wenn sich Schatten neigen.

Alle braven Kinderlein
Senken ihre Lider.
Stellt die dunkle Nacht sich ein,
Blinken Sterne nieder."

Sebastian glaubt sich verhört zu haben. Doch der Lehrer macht ein so zufriedenes Gesicht, also muß es stimmen. So reizend findet der Lehrer Sebastians Kinder, daß er den Grund seines Kommens glattweg vergißt. Sebastian aber fällt plötzlich etwas ganz Großartiges ein.

„Lieber Herr Lehrer Schlick", sagt er, „ich glaube, es wäre an der Zeit, meine Kinder zu Ihnen in die Schule zu schicken."

Und der Lehrer Schlick, der ohnehin nur zwei Schüler hat, und das sind seine eigenen Töchter, ist von dem Vorschlag hell begeistert.

„O ja, Sebastian", nickt er, „du hast recht. Schicke mir die Kinder gleich am Montag. Um halb neun fängt der Unterricht an."

„Da freuen wir uns aber", sagt Ssippi scheinheilig, und die anderen nicken mit den Köpfen, daß ihnen die Haare bis in die Augen fallen.

Als der Lehrer dann aufsteht, beschließt Sebastian, ihn ein Stück zu begleiten.

„Wir gehen auch mit!" rufen die Kinder.

Und sie verlassen alle zusammen das Haus. Keiner von ihnen bemerkt, daß am Ende der Straße zwischen den alten Bäumen ein großes, silbernes Auto parkt.

„Was ist los mit euch?" fragt Sebastian, als er mit den Kindern den Weg zurückgeht. „Seid ihr krank?"

„Nein!" krächzt C Dur. „Aber du hast uns einen schönen Streich gespielt."

„Sagt mir eines", bittet Sebastian. „Wie habt ihr es fertiggebracht, den Lehrermädchen Glatzen zu schneiden?"

„Sie wollten gerne amerikanische Frisuren", sagt Ssippi. „Ganz still haben sie gehalten."

„Bis sie sich dann gegenseitig angesehen haben",
fügt Ssuri versonnen hinzu.
„Basti!" ruft C Dur, als sie wieder zu Hause sind,
„ich will dir die Zöpfe zeigen!"
Sie öffnet den Schrank, und sekundenlang steht
sie wie angewurzelt.
„Basti", haucht sie dann. „Erschrick nicht – aber
die Kassette ist fort!"

Die grausige Spur

Sebastian kann nicht glauben, daß der fremde
Mister X schuld ist am Verschwinden der Kassette. Alle Untaten kamen bisher von den Kindern, also hat er sie auch diesmal im Verdacht.
Aber sie leugnen.
Ein unerquicklicher Tag geht zu Ende. Gegen
Mittag haben die Kinder Wasser über den Bür-
gersteig gegossen, so daß eine riesige Rutsch-
bahn daraus wurde. Da sind die Leute hingepur-
zelt wie Erbsen, wenn die Tüte gerissen ist. Und
natürlich haben sie sich bei Sebastian beschwert.
„Immer schimpft der Basti!" hat Ssippi geknurrt.
„Als ob es nicht gerade schwer genug für uns
wäre, uns ständig etwas Neues auszudenken."

„Wahrhaftig", hat die kleine C Dur geantwortet. „Es ist nicht einfach, originell zu sein!"

Später haben sie dann noch die Fenster im Gesamtverband deutscher Pinselhersteller mit grüner Farbe zugeschmiert, und nun sind sie müde. Ssuri hat kalte Füße, Ssippi will unbedingt eine Drehorgel haben, C Dur hat Herrn Krah aus dem Käfig gelassen, und Herr Krah hat sich in den Kartoffelsalat gesetzt.

„Gute Nacht, Basti!" rufen die Kinder. „Mach dir keine Sorgen, aufschließen kann er die Kassette nicht. Er hat ja keine Schlüssel."

Sebastian schweigt. Er geht durch die Stube und öffnet das Fenster. Schneidend kalt schlägt es ihm entgegen. Klar und weiß steht der Mond am Himmel, richtig verfroren sieht er aus. Und selbst die Sterne scheinen vor Kälte zu zittern. Da huscht plötzlich eine kleine Gestalt herbei. Die Katze des alten Herrn Zwirbel springt auf die Fensterbank.

„Guten Abend", sagt Sebastian. „Bei dem Wetter gehst du aus?"

„Miaa", antwortet die Katze und blickt ihn aus großen Augen an.

„Du bist ein glückliches Geschöpf", seufzt Sebastian. „Alle sind nett zu dir. Mich ärgern sie immer nur. Ich glaube, dieser Herr Krah ist auch schon mit ihnen im Bunde."

Die Katze streicht ein wenig an Sebastians Hän-

den vorbei, dann stellt sie sich auf die Hinterbeine und gibt ihm einen kleinen Kuß. Aber Sebastian wird trotzdem nicht glücklich. Spät, als er sich aus Kissen und Decken sein Bett auf dem Fußboden im Schlafzimmer bereitet hat, umschwirren ihn die Sorgen wie ein Mückenschwarm. Wird er jemals imstande sein, die Kinder zu erziehen? Wo ist die Kassette? Und was ist ihr Inhalt? Seine größte Sorge aber sind nach wie vor Schornsteine. Und das kann man auch verstehen, denn schließlich ist er Schornsteinfeger.

Tief in der Nacht erwachen die Kinder.

„Ich muß auf die Dächer!" hören sie Sebastian im Schlaf reden. „Ich muß sofort auf die Dächer!"

„Was machen wir da?" fragt Ssuri leise die anderen.

Sie überlegen eine Weile, und schließlich haben sie einen Einfall.

Am nächsten Morgen verschläft Sebastian. Die Kinder aber stehen um so früher auf.

„Wart ihr schon draußen?" fragt Sebastian, als er ihre nassen Spuren in der Stube findet.

„Ja", sagt Ssippi. „Wir haben eine Wanderung gemacht. Die Morgenluft ist so gesund für Kinder."

Sebastian blickt ihn mißtrauisch an. Sie frühstücken miteinander, und Herr Krah, der schon ein wenig fliegen kann, sitzt dabei auf C Durs

Kopf. Er fühlt sich außerordentlich zu ihr hingezogen, wahrscheinlich hält er sie ihrer Stimme wegen auch für ein Rabentier.

Draußen am Himmel ziehen Wolken vorüber wie prall gefüllte Federbetten.

„Heute gibt es Fisch", sagt Sebastian.

„Fisch mögen wir nicht", sagt Ssuri mit vollem Mund.

„Schon möglich," meint Sebastian, „aber heute gibt es trotzdem Fisch."

Denn er hat beschlossen, andere Saiten aufzuziehen. Beim Rasieren hat er das beschlossen, da faßt er stets seine besten Vorsätze. Er räuspert sich noch einmal energisch, da klopft es wild an die Tür. „Herein!" ruft Sebastian.

„Wir ersticken!" schreit die Frau Biederbock aufgeregt, und sie wedelt mit ihrem Muff. „Das ganze Haus ist voller Qualm!"

„Bei uns ist es ebenso", ertönt eine zweite Stimme. „Nicht seine eigene Nase kann man sehen vor lauter Rauch!"

Und hustend schreit die Frau Schlick dazwischen: „Morgenfroh geht unter! Die Hölle hat ihren Schlund aufgetan!"

Bis auf den Herrn Biederbock haben sich sämtliche Einwohner der Siedlung vor Sebastians Haustür versammelt, und sie alle berichten das gleiche.

Der Amtmann Biederbock jedoch sitzt in seinem Büro. Er preßt sich ein Taschentuch vor Mund und Nase und denkt nach. Keinen Augenblick zweifelt er daran, daß als Urheber des Qualms nur Sebastians Kinder in Frage kommen.

„Dieses Treiben muß ein Ende haben!" beschließt er.

Und man kann sich darauf verlassen, daß nun wirklich etwas geschehen wird, denn der Amtmann Biederbock ist ein Mann der Tat.

Der arme Sebastian aber denkt: Bestimmt sind nun alle Schornsteine verstopft!

Er fühlt sich furchtbar schuldig. In der Eile setzt er nur schnell seinen Zylinderhut auf, packt die lange Schornsteinfegerbürste und rennt los.

Die Kinder grinsen.

„Jedenfalls", krächzt C Dur, „gibt es nun doch keinen Fisch!" Und sie nimmt ihre Gitarre und singt ein Lied:

> *„Ein Cowboy namens Jippi-jeh,*
> *Der war ein großer Schuft.*
> *Er hob den Sheriff in die Höh*
> *Und warf ihn durch die Luft.*
>
> *Ein Cowboy namens Jippi-jeh,*
> *Der war ein starker Mann.*
> *Er nährte sich seit eh und jeh*
> *Von Schnaps und Lebertran.*

Ein Cowboy namens Jippi-jeh,
Der war ein toller Held.
Bewegte er den dicken Zeh,
Dann zitterte die Welt."

Währenddessen aber stellt der arme Sebastian fest, daß alle Schornsteine in der Siedlung Morgenfroh zugenagelt sind. Jemand hat kreuz und quer Bretter darüber geschlagen. Und wer dieser Jemand ist, darüber braucht Sebastian sich nicht lange den Kopf zu zerbrechen.

Er beginnt die Bretter abzureißen. Zuerst beim Amtmann Biederbock, dann beim Wirt, beim Gesamtverband deutscher Pinselhersteller, beim Lehrer Schlick und beim alten Herrn Zwirbel. Und weil er einmal dabei ist, beschließt er, gleich alle Schornsteine gründlich zu reinigen.

Sehr traurig ist Sebastian, als er hoch oben auf den Dächern steht, wo er sonst immer so fröhlich war. Er hebt den Kopf und blickt zum grauen Himmel empor.

„Tante Pimpernella!" ruft er. „Hörst du mich?" Und weil eben ein Wind daherkommt, hält er das für eine Antwort.

„Tante Pimpernella", fährt er fort, „wie konntest du mir das antun? Da sitzt du nun in deinem himmlischen Sessel und schaust auf uns herab. Liebe, gute Tante Pimpernella, sende mir Hilfe!"

Und als er das gesagt hat, säubert er weiter die schmutzigen Schornsteine der Siedlung Morgenfroh, und er fühlt sich schon ein wenig leichter.

Es wird dämmerig, und von Westen kommt Sturm auf. Er springt die alten Tannen an, rüttelt sie, reißt Sebastian den Zylinderhut vom Kopf und jault und schreit wie ein Höllenhund.

Da muß Sebastian sich an den Schornsteinen festhalten, um nicht hinunterzufallen. Er ist froh, als er endlich alle Arbeit getan hat.

Inzwischen ist es Nacht geworden, eine schwarze, stürmische, unheimliche Nacht. Sebastian steigt hinunter, er sucht seinen Zylinderhut und setzt ihn wieder auf.

„Da bin ich gespannt", denkt er, „was sie jetzt wieder angestellt haben!"

Angst überkommt ihn, und er beschleunigt seine Schritte. Doch als er kurz vor seinem Haus den Weg kreuzt, der in den Wald führt, stockt er. Ein Strich zieht sich über den Schnee, eine lange Spur, die dem Wald zuläuft. Dreimal zündet Sebastian ein Streichholz an, und dreimal bläst der Sturm es wieder aus. Beim Licht des vierten jedoch erkennt er, daß die Linie aus leuchtendroten Tropfen besteht.

Sebastian kriecht es eiskalt in die Glieder.

„Blut!" haucht er, und er macht sich daran, der grausigen Spur zu folgen.

Der Einbruch

Als Sebastian eine Weile fort ist, bekommen die Kinder Hunger.

„Ich träume von Bananen", sagt Ssuri.

Er liegt im kornblumenblauen Plüschsessel und streckt die Beine von sich.

„Daraus wird nichts", antwortet C Dur. „Aber ich will euch etwas Feines kochen."

„Prima!" schreit Ssippi.

Er läßt Herrn Krah aus dem Käfig und hängt Sebastians grüne Heringe im Vogelbauer auf. Die kleine C Dur kramt im Schrank und holt hervor, was sie gerne mag. Zehn Scheiben Servelatwurst, gebrannte Mandeln, Brötchen, Limburger Käse, Honig, saure Gurken und sämtliche Sorten Obstsaft. Dann rührt sie alles in einen großen Topf und tut noch eine Prise Salz und eine Prise Zucker dazu. So steht es immer in den Kochbüchern. Den Topf stellt sie auf den Herd und läßt die Sache warm werden. Und es dauert kaum zehn Minuten, da brodelt das Mittagessen schon über den Kesselrand.

„Es scheint fertig zu sein", sagt C Dur überrascht, und es ist ihr wirklich ein bißchen unheimlich, daß Kochen so schnell geht.

„Es stinkt!" behauptet Ssippi.

„Es kann nicht stinken!" kräht sie aufgebracht. „Es sind lauter gute Sachen."

Und sie füllt die Speise auf die Teller.

„Nein!" schreit Ssuri sofort. „Das kann ich nicht essen! Das sieht ja aus wie kleingehackter Besen in Krokodilstränen."

„Du hast recht", bestätigt Ssippi, und er schluckt krampfhaft etwas herunter. „So schmeckt es auch."

„Schön", murmelt C Dur beleidigt, „dann esse ich es eben allein!"

Aber nach den ersten Bissen legt sie den Löffel hin und steht auf.

„Ausgezeichnet!" krächzt sie mit erzwungener Fröhlichkeit. „Aber schließlich kann ich das nicht alles aufessen, während der arme Vogel Hunger hat. Komm Herr Krah", lockt sie, „komm!"

Der Herr Krah jedoch tunkt seinen großen gelben Schnabel nur ein einziges Mal kurz in C Durs seltsame Schöpfung, dann fliegt er unter schrecklichem Gekrächze quer durchs Zimmer und setzt sich auf die Lampe.

„Vielleicht", grinst Ssippi, „hättest du ein paar Sägespäne daruntermengen sollen."

„Oder Kohlenasche!" meint Ssuri.

C Dur winkt ab.

„Ganz einfach", sagt sie. „Wir heben das Gericht für Basti auf."

90

Damit sind die anderen einverstanden. Sie kippen alles wieder in den Kessel zurück, dann essen sie Brot mit Kandiszucker und sind zufrieden.

„Was tun wir jetzt?" fragt Ssuri.

„Irgend etwas Tolles!" gibt Ssippi zur Antwort.

„Aber was?"

C Dur zupft an ihrer Gitarre herum und denkt nach.

Es ist gar nicht so einfach. Sie haben in der letzten Zeit so viel angestellt, daß ihnen die Ideen knapp werden.

„Wir verschönern die Wohnung!" fällt es Ssuri ein.

Sie halten Holzspäne in den Ofen, bis sie rußig werden, und beginnen die Wände vollzumalen. Sebastian krakeln sie hin, die Katze vom alten Herrn Zwirbel, drei wunderbare Tannenbäume, die Frau Biederbock mit dem großen Muff, den Lehrer Schlick, Herrn Krah und einen Ozeandampfer. Und weil sie alles besonders hübsch zeichnen, brauchen sie den ganzen Nachmittag dazu.

„Es wird schon dämmerig", sagt C Dur auf einmal. „Wo nur Basti bleibt?"

Da müssen sie plötzlich alle drei daran denken, was wohl geschehen würde, wenn Sebastian sie im Stich ließe. Es ist eine sehr unangenehme Vorstellung, und sie sehen sich betreten an.

91

„Ich hab' keine Lust mehr zum Malen", sagt Ssuri.

„Horch, wie es stürmt!" C Dur zieht fröstelnd die Schultern hoch.

„Der Ofen ist auch aus", stellt Ssippi fest. „Das beste wird sein, wir gehen zu Bett."

Sie bringen Herrn Krah in seinen Käfig und dekken ihn mit dem halben Abendkleid der Tante Pimpernella zu. Dann nehmen sie ihre Musikinstrumente und steigen die Treppe hinauf.

„Wollen wir ein bißchen singen?" fragt Ssuri lustlos.

„Nein", krächzt die kleine C Dur kläglich, „ich mag nicht." Und sie beginnt laut zu weinen.

„Was hast du denn?" fragen die Jungen, und sie stehen unbeholfen herum.

„Ich brauch was zum Freuen!" heult C Dur. „Und zwar schnell, sonst gehe ich ganz zugrunde."

„Wird gemacht!" ruft Ssippi. „Sei still!"

Er blickt sich im Raume um.

„Ich weiß was", sagt er. „Wir machen Schnee!"

Schnell zieht er sein Messer aus der Tasche und macht sich daran, alle Kissen aufzuschlitzen. Und Ssuri greift mit beiden Händen hinein und wirft die Federn in die Luft, die so leicht wiegen wie ein kleiner Kummer im Frühling. Hübsch sieht das aus, und bald ist das Schlafzimmer tief verschneit. Schon lacht C Dur wieder, und sie pflückt

die Blumen von ihrem Hut und streut sie auch dazwischen.

Als sie vor lauter Fröhlichkeit schließlich alle sehr müde werden, löschen sie das Licht und kriechen ins Bett. Draußen heult der Sturm, und es ist, als ob er ein Riese wäre, der das Dach mit seinen beiden Händen umfangen hält, um es entzwei zu rütteln. Schwarz steht die Nacht vorm Fenster.

„Wie ein unendliches Tintenfaß", denkt Ssuri.

Noch liegen sie alle wach, als C Dur sich plötzlich aufrichtet.

„Ssippi", flüstert sie, „ich höre Schritte!"

„Wird Basti sein", murmelt Ssippi. „Schlaf!"

Da schreit der Rabe dreimal. Unheimlich schallt es durchs Haus. Die Kinder starren in den stockfinsteren Raum, und sie hören das dumpfe schwere Pochen ihrer Herzen und den Sturm. Und dann hören sie noch etwas. Sehr leise öffnet jemand die Haustür. Sie quietscht in den Angeln und wird wieder still.

„Basti ist es nicht", tuschelt Ssuri ängstlich, „der würde Licht machen. Was sollen wir tun?"

Von unten dringt das schwache Geräusch tappender Schritte herauf. Ssippi fühlt, wie ihm etwas in der Kehle sitzt, so, als habe er eine Bettfeder verschluckt.

„Das ist ganz einfach", flüstert die kleine C Dur entschlossen.

Sie schlüpft lautlos aus dem Bett und holt ihre Gitarre.

„Wohin willst du?" fragt Ssuri unterdrückt.

Das Grauen überfällt ihn wie ein Gespenst.

„Runter!" knurrt C Dur. „Was denkt ihr? Wir können doch nicht zulassen, daß einer Tante Pimpernellas Abendkleid klaut oder unser sonstiges Hab und Gut!"

„Es ist viel zu gefährlich", flüstert Ssippi. „Wenn wir noch den Revolver hier hätten!"

„Wir rutschen das Treppengeländer hinunter", befiehlt C Dur leise. „Die Stufen könnten knarren."

„C Dur!" fleht Ssuri.

Aber das Mädchen ist nicht mehr zu halten. Was bleibt ihnen da übrig, als ihr zu folgen?

Wer einen Freund in der Gefahr verläßt, ist es nicht wert, frische Luft zu atmen, denkt Ssippi, und Ssuri kommt etwas Ähnliches in den Sinn.

Geräuschlos gleiten sie das Treppengeländer hinab, C Dur zuerst. Die Tür zur Küche steht offen. Da erblicken sie in der Dunkelheit die Umrisse einer großen Gestalt, die am Boden hockt und im untersten Fach des Küchenschrankes herumkramt.

Zwei, drei katzenleise Schritte macht C Dur. Dann hebt sie blitzschnell die Gitarre und schlägt gewaltig zu.

Eine Hand greift zu

Alles Weitere geschieht außerordentlich schnell.
Ein Schrei ertönt, der Einbrecher springt auf und
verschwindet mit langen Sätzen durch die Haustür ins Freie.

„Den wären wir los", meint C Dur, und sie betrachtet ihre Gitarre.

Ssuri wirft die Tür ins Schloß und macht Licht.
Da liegt doch Ssippi wahrhaftig lang am Boden!

„Du hast ihn getroffen!" schreit Ssuri auf.

„Nein", behauptet C Dur, „der ist bloß in Ohn-
macht gefallen."

Sie kippt ihm einen kleinen Eimer Wasser über
den Kopf, und schon ist er wieder auf den Beinen.

„Das kann nur Mister X gewesen sein!" Ssuri
schüttelt sich.

„Ja", sagt C Dur, „er ist bestimmt gekommen,
um den Schlüssel zur Kassette zu suchen."

Sie setzen sich hin und besprechen die Sache ein-
gehend.

„Wenn ihm der Schlüssel so wichtig ist", meint
Ssippi, „enthält die Kassette etwas Enormes!"

„Und wenn die Kassette etwas Enormes enthält",
fährt Ssuri fort, „müssen wir sie wiederhaben!"

Als sie so weit gekommen sind, nähern sich wieder Schritte dem Haus. Aber diesmal ist es Seba-

97

stian. Er macht ein sehr ärgerliches Gesicht, und voller Ruß ist er auch.

„Basti!" schreit C Dur. „Ein Einbrecher war hier!"

„Spart euch eure Geschichten", brummt Sebastian. „Von euch habe ich nun endgültig genug! Sämtliche Schornsteine zuzunageln! Kein normales Kind käme auf derartige Gedanken!"

Dann läßt er den Blick durch den Raum schweifen, und die vielen kunstvollen Gemälde scheinen auch nicht eben besänftigend auf seine Stimmung zu wirken.

„Diese Spur stammt natürlich ebenfalls von euch!" fährt er böse fort. „Bis tief in den Wald hinein bin ich ihr gefolgt! Und es sah wirklich aus wie Blut. Marmelade!" stößt er zwischen zusammengepreßten Lippen hervor.

Nein, davon wissen die Kinder nun tatsächlich nichts! Aber sie können sich schon denken, welche Bewandtnis es damit hat. Der geheimnisvolle Mister X dürfte die Spur gelegt haben, um Sebastian eine Weile vom Haus fernzuhalten. Auszusprechen wagen sie es allerdings nicht, denn eben in diesem Moment hat Sebastian den Deckel von dem Kessel abgehoben, der C Durs ersten Kochversuch enthält.

„Ins Bett!" brüllt Sebastian. „Ins Bett mit euch! Und laßt euch so bald nicht mehr sehen!"

Der nächste Tag ist ein Sonntag.

Früh am Morgen putzt der Amtmann Biederbock seine Brille, bis sie so blank ist wie ein See im Sonnenschein.

„Appolonia", sagt er zu seiner Frau, „sei so nett und hole alle Leute in mein Büro."

Und es dauert nicht lange, da sind sämtliche Einwohner der Siedlung Morgenfroh versammelt.

„Werte Bürger", spricht der Amtmann sie an. „Wie Sie alle wissen, treiben hier drei Kinder ihr Unwesen. Sebastian der Schornsteinfeger, dem sie gehören, wird offenbar nicht mit ihnen fertig. Da es aber nicht richtig ist, daß sie sich aufführen wie die Wilden und uns schließlich noch Schaden bringen, müssen wir etwas unternehmen."

„Ich schlage vor, wir verhauen sie", meint der Wirt, „und zwar gewaltig!"

„Nein", sagt der alte Herr Zwirbel, und er streicht seinen grauen Spitzbart. „Mit Gewalt kann man nichts auf der Welt zum Guten wenden. Auch ungezogene Kinder nicht."

„Ich finde sie eigentlich gar nicht so schlimm", läßt sich der Lehrer Schlick vernehmen. „Vielleicht sollte man mit ihnen sprechen."

„Ha!" lacht die Frau Biederbock. „Da könnte man ebensogut auf einen harten Käse einreden. Das nützt gar nichts!"

„So ist es", bestätigt ihr Mann, der Amtmann Biederbock. „Und weil also nichts mehr hilft, will ich einen Vorschlag machen: Wir strafen sie mit Verachtung! Vielleicht werden sie dann vernünftig. Ab heute wollen wir uns alle so verhalten, als ob die Kinder gar nicht da wären. Wir wollen wieder leben wie früher, als es noch friedlich war im schönen Morgenfroh."

Und damit sind die Leute schließlich einverstanden.

Um dieselbe Zeit näht Sebastian schweigend und mit drohender Miene die Kissen wieder zu, und als er nach dem Mittagessen immer noch kein Wort geredet hat, verlassen die Kinder bedrückt das Haus.

„Was sollen wir tun?" fragt Ssuri und kratzt sich den krausen schwarzen Schopf.

„Wir müssen warten, bis es dunkel wird", sagt Ssippi. „Dann holen wir die Kassette."

„Das kann noch lange dauern", meint C Dur, und sie blickt zum Himmel empor.

Es schneit wieder. Sanft und unaufhörlich schweben große Flocken hernieder. Die Bürger von Morgenfroh sind in ihren Häusern. Sie sitzen am Ofen und freuen sich, daß Sonntag ist.

Der Amtmann Biederbock liest die Sonntagszeitung, und seine Frau stickt rosa Röschen auf ein Tischtuch, und dabei läßt sie sich noch einmal die letzten Morgenfroher Neuigkeiten durch den Kopf gehen. Der Wirt vom Gasthaus ‚Zur

Schnecke' hat die Hände um seinen dicken Bauch gefaltet und lauscht der Grammophonmusik. Er fühlt sich wohl. Und wenn ihm nicht vom Schlafen in der Badewanne das Kreuz wehtäte, würde er sich noch wohler fühlen.

Der Herr Pinsel hat eine mondfarbene Kerze angezündet, die Lehrersfamilie spielt ‚Mensch ärgere dich nicht‘ und der Herr Zwirbel liegt mit der goldenen Katze auf dem Sofa. Er liest ein Buch über China. Und weil er ein sehr empfindsamer alter Herr ist, fühlt er ab und zu an seinem Hinterkopf nach, ob ihm nicht schon ein Chinesenzopf wächst. Seine Tochter Angela aber sitzt ganz still. Sie träumt vom kunterbunten Glück.

„Ich weiß was!" tuschelt C Dur, und sie teilt es den anderen mit.

Da stimmen sie plötzlich ein gräßliches Geschrei an. „Die Welt geht unter!" brüllen sie. „Rette sich, wer kann!"

Aber wenn sie erwartet haben, daß nun alle Leute an ihre Fenster stürzen, um nachzusehen, ob der Himmel schon auf die Erde fällt, oder doch wenigstens um zu schimpfen – haben sie sich getäuscht. Die Morgenfroher halten sich an die Anweisungen ihres Amtmannes.

„Sie müssen eine interessante Beschäftigung haben", meint Ssippi, und sie schleichen sich an die Häuser und blicken hinein.

Verdutzt schauen sie sich an. Ob es so spannend ist, Bücher zu lesen, Grammophon zu hören oder ein Spiel zu spielen?

Schweigend trotten die Kinder davon.

Der netten Angela sind die Träume vom Glück durcheinandergeraten. Immerzu muß sie an Sebastian denken, der es sicher nicht leicht hat mit diesen Kindern. Angela mag Kinder sehr gern, und am liebsten würde sie Sebastian ein wenig bei der Erziehung helfen. Sebastian den Schornsteinfeger mag sie auch sehr gern, so gern, daß sie gleich Herzklopfen bekommt, wenn er in ihren Gedanken ist. Doch was kann sie schon tun? Zwar sind Sebastian und sie Nachbarn, und wenn sie sich treffen, grüßen sie sich immer ganz besonders freundlich. Aber sie kann doch nicht einfach zu ihm hingehen!

Ssippi, Ssuri und C Dur klettern lustlos auf den großen Bäumen herum. Und als sie sich endlich ihre Hosen ganz und gar zerrissen haben, wird es Zeit, an die Ausführung ihres Planes zu gehen.

„Los!" kommandiert Ssippi, „es wird dunkel."

Sie pirschen sich ans Gasthaus heran und spähen durch das Fenster in die Wirtsstube.

„Da sitzt er ja, der Mister X", sagt Ssuri. „Und diese Kittekitt hockt wahrhaftig bei ihm!"

So ist es. Mister X und die elegante Kittekitt essen miteinander zu Abend.

„Der trägt ja die Nachspeise auf dem Kopf!" staunt Ssippi. „Was ist denn das für eine eigentümliche Sitte?"

„Wahrhaftig!" sagt Ssuri. „Sieht aus wie eine Birne."

„Ist es aber nicht!" grinst C Dur. „Was ihr da seht, stammt von meiner Gitarre!"

Und in der Tat handelt es sich um ein Prachtexemplar von einer Beule.

„Kommt!" sagt Ssippi. „Wir steigen durch das Hinterfenster ein."

Sie huschen ins Haus, und bald ist nichts mehr von ihnen zu sehen als kleine Spuren im Schnee. Oben im Zimmer des Mister X brauchen sie eine ganze Weile, bis sie endlich die Kassette gefunden haben. Unter der Matratze hat der feine Herr sie versteckt!

„Ich fürchte", meint Ssuri, und er zieht einen triefnassen Pantoffel aus der Waschschüssel, „wir haben alles ziemlich durcheinandergebracht!"

„Macht nichts!" krächzt C Dur, und sie preßt die Kassette an sich. „Die Hauptsache ist . . ."

Plötzlich verstummt sie.

Unten im Haus wird es lebendig. Türen werden geschlagen, und Schritte nähern sich.

„Was jetzt?" stammelt Ssuri.

„Hier muß irgendwo eine Feuerleiter sein!" flüstert Ssippi. „Schnell!"

Sie haben Glück. Die Feuerleiter führt gleich am Fenster vorbei. C Dur klettert hinaus, und Ssuri schwingt sich hinterher. Ssippi aber läuft schnell noch zum Lichtschalter und löscht die Lampe. Dann steigt auch er hinaus. Flink gleitet er die dünnen Eisensprossen hinunter, doch als er eben den linken Fuß auf die Erde setzen will, spürt er eine schwere Hand auf seiner Schulter.

Mister X steht im Raum

„Was hattest du denn in meinem Zimmer zu tun?" fragt der unheimliche Mister X mit falscher, süßlicher Freundlichkeit.

„Hände hoch!" ertönt da eine feste, tiefe Stimme aus dem Dunkel.

Für den Bruchteil einer Sekunde ist der Mann aus der Fassung gebracht. Und das ist für Ssippi gerade lang genug. Mit ein paar großen Sprüngen macht er sich davon.

„Na", lacht Ssuri, „da habe ich dich noch mal gerettet, was?"

Ssippi boxt ihn freundlich gegen die Brust, und das heißt soviel wie ‚Dankeschön'.

Eilig laufen die Kinder nach Hause. Sebastian

schläft schon. Da verschließen sie die Kassette in der Kommode und gehen auch zu Bett.

Früh am anderen Morgen steht Sebastian auf. Er bindet seinen Schal um, der so grün ist wie eine Wiese im Sommer und tritt ans Fenster. Die Häuser von Morgenfroh sehen aus wie immer. Das beruhigt ihn, denn er hat in der Nacht geträumt, die Kinder hätten sie alle in die Luft gesprengt.

„Montag!" fällt es ihm ein. „Sie müssen zur Schule!"

Doch als er an das Bett der Kinder tritt, erschrickt er. Alle drei haben dick umwickelte Köpfe!

„Basti", gibt Ssuri heiser von sich, „es ist die Grippe."

„Die Kassette steht in der Kommode", sagt Ssippi wie mit letzter Kraft.

„Tee!" haucht C Dur. „Tee."

Und der Herr Krah hockt auf dem Plumeau und sieht auch ganz leidend aus.

Für einen Augenblick verfliegt Sebastians Zorn auf die Kinder. Er läuft in die Küche und setzt Wasser auf. Da hört er von oben unterdrücktes Gekicher, und alles wird ihm klar. Sein erster Gedanke ist, nach oben zu stürzen und die Sünder zu verprügeln. Windelweich möchte er sie hauen, dann hätten sie wenigstens einen Grund, im Bett zu bleiben.

Schon faßt er nach der Türklinke, da läßt er die

Hand wieder sinken. Nein, er kann es nicht. Sebastian kann keine kleinen Kinder schlagen! Er hockt sich an den Tisch und stützt den Kopf in die Hände.

„Sie richten mich zugrunde", murmelt er. „Ich werde nicht mit ihnen fertig."

Und er überlegt sich, wie das weitergehen soll. Was kann aus Kindern werden, die immer nur tun, was ihnen Spaß macht? Aus Kindern, die keinerlei Rücksicht auf andere Menschen nehmen? Später einmal, denkt er, werden sie unglückliche Erwachsene sein, denn niemand wird sie liebhaben.

Und weil Sebastian das nicht verantworten kann, faßt er einen bedeutsamen Entschluß.

„Ich werde die Kinder fortgeben", sagt er zu sich selber. „Vielleicht ist es besser für sie, wenn sie in einer richtigen Familie leben. Sie brauchen wohl eine Mutter."

Und er nimmt ein Blatt Papier aus der Tischschublade und streicht es sorgfältig glatt.

„Kinder abzugeben", schreibt er mit großen, steilen Buchstaben darauf, und nach kurzem Überlegen fügt er hinzu: „Nur in gute Hände." Und das Wort ‚gute' unterstreicht er dreimal. Er setzt seinen Zylinderhut auf und nimmt ihn gleich wieder ab, um drei faule Tomaten daraus zu entfernen. Dann geht er hinaus.

Draußen ist es still und klar. Die Sonne ist aufgegangen, und sie macht Morgenfroh schön wie ein Dorf aus einem Bilderbuch. Aber Sebastian achtet nicht darauf. Schweren Herzens geht er bis zu der dicken Tanne am Eingang der Siedlung und heftet seinen Zettel an. Einen Augenblick verharrt er noch und blickt zum Himmel empor.

„Tante Pimpernella", sagt er leise, „du mußt das verstehen. Denn daß sie einmal unglückliche Erwachsene werden, das kannst du auch nicht wollen."

Und dann geht Sebastian nach Hause zurück.

„Wo Basti nur bleibt", grübelt C Dur. „Nicht mal Tee hat er uns gebracht!"

„Ich glaube, er hat uns durchschaut", meint Ssippi nachdenklich. „Und jetzt ist er wieder böse."

„Nein", Ssuri schüttelt den Kopf. „Traurig ist er."

„Unseretwegen?" krächzt C Dur leise.

Die Jungen antworten nicht, und eine lange Zeit ist es sehr still.

„Ich stehe auf", entschließt sich Ssippi endlich. „Zur Schule ist es doch zu spät!"

Sie steigen aus dem Bett und gehen hinunter.

„Hallo Basti!" rufen sie munter, als Sebastian die Stube betritt. „Es geht uns schon ein wenig besser."

„So", antwortet Sebastian wortkarg.

Er schließt die Kommode auf und holte die Kassette hervor. Jemand hat versucht, sie aufzubrechen. Deutlich kann man frische Kratzspuren entdecken.

„Basti", beginnt Ssippi, „wir haben sie wieder geklaut."

Die kleine C Dur boxt ihn von hinten in die Rippen, daß er es nicht wagt, weiter zu erzählen.

Mehr als eine Stunde hantiert Sebastian schweigend herum, und die Kinder verfolgen alle seine Bewegungen, und dabei fühlen sie sich elend wie verlaufene Hunde. Und das ist ein völlig neues Empfinden für sie.

Inzwischen haben die Einwohner der Siedlung Morgenfroh Sebastians Zettel gelesen.

„Das ist wohl ein Witz", meint die Frau Biederbock. „Wer nähme wohl solch widerwärtige Kinder zu sich?"

Die anderen nicken.

„Wahrhaftig", sagt die Lehrersfrau. „Die sind imstande, einem die Nase aus dem Gesicht zu schneiden."

Angela aber steht nachdenklich. Es wäre wohl an der Zeit, so geht es ihr durch den Kopf, Sebastian dem Schonsteinfeger ein wenig zu helfen. Doch weil sie der Ansicht ist, daß man sich immer alles ganz genau überlegen soll, bevor man handelt, geht sie erst einmal nach Hause.

111

Gegen Mittag, als die Leute beim Essen sitzen, nähert sich eine einsame Gestalt Sebastians Haus.

„Es hat geklopft", sagt Ssuri, und er läßt den Löffel in die Suppe fallen.

„Bleibt sitzen!" befiehlt Sebastian. „Ich gehe. Übrigens glaube ich", fügt er noch hinzu, und er schaut die Kinder der Reihe nach an, „daß sich nun für euch einiges ändern wird. Und das habt ihr euch selber zuzuschreiben!"

„Herein!" ruft er dann, und er öffnet weit die Tür.

Die Kinder reißen die Augen auf, und ihre Gesichter werden so blaß wie ungebackene Brötchen. Vor ihnen steht der geheimnisvolle Mister X.

Angela findet den Schlüssel

„Guten Tag", sagt er, und er lüftet seinen großen Schlapphut.

Da hat Ssuri zum zweitenmal den Eindruck, daß er diesen Mister X irgendwoher kennt. Doch im Augenblick ist er viel zu aufgeregt, um gründlicher darüber nachzudenken.

„Ich habe Ihren Zettel gelesen", beginnt der Fremde, und er schaut Sebastian unter seinen buschigen Augenbrauen hervor seltsam lauernd an. „Wenn sie die Kinder abgeben wollen, will ich sie gerne zu mir nehmen."

Ssippi, Ssuri und C Dur spüren, wie sich ihre Herzen schmerzhaft zusammenpressen. Sebastian mag sie nicht mehr. Er will sich von ihnen trennen! Da sind sie zum erstenmal in ihrem Leben wirklich unglücklich. Die kleine C Dur merkt, wie ihre Augen feucht werden, und die Jungen beißen die Zähne aufeinander.

„Das Beste ist", hören sie Mister X sagen, „Sie packen gleich alle ihre Sachen zusammen. Aber vergessen Sie nur nichts! Man weiß ja, wie Kinder an ihren Habseligkeiten hängen. Bündeln Sie alles zusammen, und in einer Stunde bin ich wieder da und hole sie ab. Mit meinem großen Wagen komme ich", fügt er hinzu, „da haben wir Platz genug."

Sebastian schweigt. Wie durch hundert Nebel erblicken die Kinder sein schmales, freundliches Gesicht, das jetzt so ernst aussieht.

Ausgerechnet zu diesem Kerl sollen wir! denken sie entsetzt. Wer weiß, der hat am Ende die Absicht, uns die Hälse umzudrehen.

Und die Furcht kriecht ihnen in die Glieder wie ein langer, eisiger Wurm.

„Sind Sie einverstanden?" fragt Mister X süßlich.

Nur in gute Hände, denkt Sebastian.

113

Aber dieser Mister X hat keine guten Hände. Nein, die knochigen, langen Finger des Fremden gefallen Sebastian ganz und gar nicht. Seine Nase gefällt ihm nicht, seine Augen nicht, und nicht einmal die Spitzen seiner Schuhe. Er denkt nicht daran, ihm die Kinder anzuvertrauen!

„Lieber Mister X", sagt er. „Es freut mich sehr, daß Sie gekommen sind. Aber ich habe es mir anders überlegt. Ich kann Ihnen die Kinder nicht geben."

Die Freundlichkeit fällt von dem Gesicht des Fremden wie Putz von der Decke.

„So", sagt er beleidigt, und dann dreht er sich um und verschwindet ohne ein weiteres Wort.

„Basti", beginnt C Dur schüchtern, doch Sebastian winkt ab.

„Ihr könnt hinausgehen und spielen", sagt er kurz angebunden. „Alles weitere wird sich finden."

Die Kinder schleichen hinaus.

„Er hat es niemals ernstlich vorgehabt", sagt Ssippi. „Er will uns nur Angst machen."

„Ja", nicken die anderen. „Ja, ja."

Aber sicher sind sie nicht. Als sie die Straße entlanggehen, stehen sie plötzlich dem Lehrer Schlick gegenüber.

„O jeh!" flüstert Ssuri. „Der wird schön schimpfen!"

Doch der Lehrer schaut sie an und scheint sie doch nicht zu sehen. Stumm geht er vorüber.

Komisch! denken die Kinder, aber erleichtert sind sie doch.

Später, als der Wirt vom Gasthaus ‚Zur Schnecke' sie ebenfalls übersieht und sogar der nette alte Herr Zwirbel ihren Gruß nicht erwidert, wird ihnen mulmig zumute.

„Ssippi", krächzt C Dur. „Siehst du mich?"

„So'n Blödsinn!" sagt Ssippi. „Warum soll ich dich nicht sehen?"

„Ich dachte nur", meint C Dur kleinlaut. „Ich dachte, wir seien vielleicht unsichtbar geworden."

„Ach was!" sagt Ssuri. „Paßt mal auf, wie die uns bemerken!"

Er hebt eine leere Konservenbüchse auf und bindet sie an eine lange Schnur. Dann schleicht er die Frau Biederbock an, die vorm Laden steht und ins Schaufenster guckt, und er befestigt die Schnur vorsichtig an ihrer Einkaufstasche.

Das scheppert wie toll, als sich die Amtmannfrau in Bewegung setzt. Aber, wenn die Kinder gedacht haben, daß sie nun erschreckt aufschreit und zu schimpfen beginnt, haben sie sich getäuscht. Sie bückt sich, knotet die Schnur ab und geht weiter, so, als ob nichts gewesen wäre.

„Uns schaut niemand mehr an", sagt Ssuri plötzlich tonlos. „Wir sind geächtet."

„Was ist das — geächtet?" fragt die kleine C Dur.
„Das ist", erklärt Ssippi langsam, „wenn keiner
was mit einem zu tun haben will."

Sie blicken sich ernst in die Augen, dann drehen
sie sich um und trotten still nebeneinanderher
nach Hause.

Sebastian hat Besuch. Die nette Angela ist bei
ihm.

„Sebastian", hat sie gesagt, und sie hat einen zer-
knüllten Zettel aus der Tasche gezogen, „das ist
nicht nötig."

„Aber was soll denn werden?" stöhnt Sebastian.
Angela lächelt.

„Wenn es dir recht ist", meint sie, „will ich dir
ein bißchen helfen. Zu zweit gelingt es uns vielleicht, aus den Kindern brauchbare Menschen zu
machen."

„Das willst du tun?" fragt Sebastian überrascht,
und er blickt Angela groß an.

Dabei sieht er zum erstenmal, daß sie hübsch ist,
und so fröhlich wie eine kleine Walzermelodie.
Tabakbraune Augen hat sie und unzählige hübsche Löckchen.

„Ja", sagt sie einfach. „Das will ich tun."

Es dauert nicht lange, da kommen die Kinder nach
Hause. „Guten Tag", grüßen sie artig.

„Verschenkst du uns jetzt an Angela?" fragt
C Dur dann verstört.

117

„Nein", antwortet Sebastian. „Ich verschenke euch nicht an Angela."

„Soll das heißen", fragt Ssippi mißtrauisch, „daß du uns verkaufst?"

Sebastian schüttelt den Kopf.

„Angela wird sich ein wenig um uns kümmern." Da wird es den Kindern leichter ums Herz.

„Basti", sagt Ssuri leise, „die Leute verachten uns."

„Das wundert mich nicht", antwortet Sebastian.

„Aber das geht doch nicht!" meint Ssippi, „daß uns niemand leiden kann!"

„Sie tun, als ob wir überhaupt nicht da wären!" fügt C Dur hinzu. „Sogar die Lehrerskinder! Sie fahren Schlitten. Dreimal haben wir sie umgeworfen, aber sie machen immer weiter!"

„Warum ist das plötzlich so?" fragt Ssuri.

„Es ist so, weil ihr nichts als Unsinn veranstaltet", antwortet Angela. „Das ist den Leuten zu dumm geworden."

„Aber wenn wir gar nichts unternehmen, wird es doch langweilig", mault Ssippi.

„Wer sagt denn, daß ihr gar nichts unternehmen sollt?" lächelt Angela. „Ich an eurer Stelle würde einfach auch ein wenig Schlitten fahren."

Da holen die Kinder den Schlitten und ziehen mißmutig davon. Doch nachdem sie ein paarmal tüchtig mit den Nasen in den Schnee geplumpst

sind, beginnt ihnen die Sache Spaß zu machen. Stunde um Stunde toben sie herum, und als sie am Abend nach Hause kommen, haben sie zum erstenmal einen ganzen Nachmittag lang nichts angestellt. Und müde sind sie, wie nie zuvor. So müde, daß sie in der Nacht ganz bestimmt auch nichts anstellen werden.

„Ich finde", sagt Angela, „es wäre an der Zeit, euch zu waschen."

„Wir sind sauber!" schreit C Dur entsetzt.

Aber Angela packt sie lachend am Kragen und verschwindet mit ihr ins Schlafzimmer. Sie zieht der kleinen C Dur das Kleid über den Kopf und entdeckt einen schmutzigen Hals, und um den schmutzigen Hals ein feines, goldenes Kettchen. Und an dem Kettchen hängt ein Amulett.

„Was ist darin?" fragt Angela.

„Ein Foto von Tante Pimpernella", schlottert C Dur, der es schrecklich vor dem kalten Wasser graut.

Angela knipst das Amulett auf und macht ein erstauntes Gesicht.

„Ein Foto ist nicht darin", stellt sie fest, und sie zeigt C Dur, was sie gefunden hat.

Da benimmt sich das kleine Mädchen äußerst seltsam. Wie eine Wilde fegt sie im Hemd die Treppe hinab und schreit aus vollem Hals. „Basti, Ssippi, Ssurri! Der Schlüssel zur Kassette ist da!"

Was wird Sebastian tun?

Sechs Augen starren ihr entgegen.

„Ist es wahr?" fragt Ssippi verblüfft.

C Dur hält ihm den winzigen Schlüssel hin.

„Tante Pimpernella muß ihn in mein Amulett gesteckt haben."

Oh wunderbares Wunder! denkt Sebastian. Kaum ist Angela im Haus, da geht auch schon alles in Ordnung. Bestimmt ist sie die von Tante Pimpernella gesandte Hilfe, um die ich gebeten habe.

„Schau nach, ob er paßt", sagt Ssuri.

Sebastian holt die Kassette aus der Kommode und stellt sie mitten auf den Tisch.

„Ihr seid müde", meint Angela. „Morgen werdet ihr alles erfahren. Ich schlage vor, ihr wascht euch die Hälse und geht zu Bett."

„Nein!" brüllen die Kinder.

„Gut", sagt Angela. „Wie ihr wollt. Aber wenn ihr gleich am ersten Tag so ekelhaft seid, komme ich nicht mehr wieder."

„Du willst uns doch bloß erziehen", brummt Ssuri unfreundlich.

Angela lacht.

„Ich weiß nicht, was ihr euch unter erziehen vorstellt", sagt sie. „Ich wollte euch helfen. Oder seid ihr etwa nicht in Schwierigkeiten mit den Leuten? Und außerdem dachte ich daran, für euch zu kochen und lustig mit euch zu sein. Denn — ob ihr es nun glaubt oder nicht – ich habe euch recht gern."

Und weil Angela im Augenblick der einzige Mensch zu sein scheint, der sie gern hat, beschließen die Kinder, es sich nicht mit ihr zu verderben.

„Na schön!" krächzt C Dur. „Gehen wir eben. Gute Nacht!"

Und sie steigen alle drei die Treppe hinauf. Die Hälse waschen sie sich allerdings nicht, und außerdem nehmen sie sich vor, zu lauschen. Aber sie sind so müde wie Bären im Winter, und darum schlafen sie augenblicklich ein.

Sebastian steckt den Schlüssel in das kleine Schloß. Er spürt, wie es ihm vor lauter Aufregung eiskalt den Rücken hinunterläuft, und Angela geht es ebenso. Eine Sekunde noch oder zwei, und sie werden wissen, was die geheimnisvolle Kassette enthält. Aber das Schloß hat Rost angesetzt, und es ist gar nicht so einfach, es aufzukriegen.

„Sei vorsichtig", haucht Angela. „Daß nur der Schlüssel nicht abbricht!"

„Paß auf!" tuschelt Sebastian zurück. „Jetzt!"

Und in diesem Augenblick springt kreischend der Deckel der alten Kassette hoch. Die beiden reiben sich die Augen. Kein Schatz, auch nicht der kleinste ist zu entdecken! Das Innere ist leer bis auf einen Zettel, der nach nichts Besonderem aussieht. Säuberlich gefaltet liegt er da, und Sebastian zögert einen Augenblick, bevor er sich entschließt, ihn herauszunehmen.

„Lieber Sebastian", liest er, und Angela liest über seine Schulter mit, „nun hast du also der kleinen C Dur den Hals gewaschen, und sicher war es auch höchste Zeit. Diese Kassette hätte eigentlich einen Scheck über hunderttausend Golddollar enthalten sollen, doch ich habe es mir dann anders überlegt und die hunderttausend Golddollar auf die New Yorker Bank gebracht. Lieber Sebastian, die Kinder sind jetzt schon eine Weile bei dir, und inzwischen bist du dir bestimmt darüber klar geworden, ob du sie richtig liebhast. Wenn du sie also behalten willst, heute, morgen und immer, dann teile deinen Entschluß der New Yorker Bank mit. Die Bank wird daraufhin meine hunderttausend Golddollar an das ‚Plinkerton Heim' übersenden. Das ist ein großes Waisenhaus in derselben Stadt.
Du kannst es dir natürlich auch anders überlegen. Vielleicht kommst du mit den Kindern nicht aus, und du denkst, wie konnte die alte Tante Pimpernella mir das antun! Bevor ihr nun unglücklich nebeneinander herlebt, meine Herzblättchen und du, solltet ihr euch besser trennen. In diesem

Fall, lieber Sebastian, bringst du die Kinder ins Plinkerton Heim. Es wird ihnen dort recht gut gehen. Diese deine Entscheidung teilst du dann ebenfalls der Bank mit, und die Bank wird umgehend dir die hunderttausend Golddollar überweisen.

Du siehst also, lieber Sebastian, ich möchte dir auf jeden Fall etwas hinterlassen, das dir Freude macht. Und nun entschließe dich und sei gegrüßt von deiner

Tante Pimpernella."

Sebastian und Angela starren sich an. Dick wie Schlagsahne liegt die Stille im Raum. Man meint, sie mit den Händen fassen zu können. Was wird Sebastian tun?

„Angela", spricht er plötzlich, „wenn ich ganz ehrlich sein soll, muß ich sagen, daß mir hunderttausend Golddollar lieber sind als diese Kinder. Schließlich habe ich nichts als Ärger mit ihnen. Es kann nicht mehr lange dauern, bis ich graue Haare bekomme!"

Angela nickt. „Ich verstehe dich schon", meint sie. „Aber sag mir, Sebastian", fährt sie dann fort, „was hast du in ihrem Alter gemacht?"

„Ich?" fragt Sebastian. „Was soll ich schon gemacht haben?"

„Warst du unentwegt artig?" will Angela wissen.

Sebastian schluckt. Bilder tauchen in seiner Erinnerung auf. Hat er wirklich seinem Lehrer ein Stuhlbein angesägt? War er es, der der Nachbarin Juckpulver in den Rückenausschnitt gestreut hat? Und diese Sache mit den Mäusen, bei der seine kleinen Basen einen Weinkrampf bekamen, war das das Werk eines Jungen namens Sebastian gewesen?

„Nein", sagt er tapfer, „das war ich nicht. Aber ich war auch nicht unentwegt unartig."

„Und warum nicht?" fragt Angela lächelnd.

„Weil meine Eltern . . ." beginnt Sebastian.

„Eben!" fällt ihm Angela ins Wort. „Du hattest nämlich Eltern! Ssippi, Ssuri und C Dur jedoch sind Waisenkinder. Und die alte Tante Pimpernella war wohl auch nicht die rechte Person, sie zu erziehen. So sind sie dann auch tüchtig verwildert. Aber ist das die Schuld der Kinder?"

„Du magst recht haben", gibt Sebastian zu. „Darum hatte ich ja auch den Gedanken, sie in einer richtigen Familie unterzubringen. Sie brauchen einen Vater und eine Mutter."

„Einen Vater hätten sie ja." Angela zupft ein wenig am Tischtuch herum. „Das heißt, wenn du sie behalten willst."

„Ach!" seufzt Sebastian. Dann hebt er plötzlich den Kopf und schaut Angela in die tabakbraunen Augen. Da ist ihm ein Gedanke gekommen.

127

„Angela", stottert er, „willst du meine Mutter werden? Ich meine", verbessert er sich, „willst du die Mutter der Kinder werden? Denn dann", setzt er hinzu, „wären wir doch eine richtige Familie."
Einen Augenblick bleibt Angela still. Sie fühlt, daß das kunterbunte Glück jetzt ganz nahe rückt.
„Sebastian", fragt sie dann so leise, als ob ein Blütenblatt von einem Baum fällt, „hast du mich denn lieb?"
Sebastian wird furchtbar verlegen. Hat er ihr das nicht gesagt?
„Angela", erklärt er, „seit heute mittag habe ich dich lieb. Und vielleicht habe ich dich schon viel länger lieb, und es ist mir nur nicht eingefallen."
So kommt es, daß Sebastian spät, nachdem er Angela nach Hause gebracht hat, noch zum Postkasten geht, um einen Brief einzuwerfen.
„Sehr geehrte Bank", steht in dem Brief, *„ich will die Kinder behalten. Bitte, schicken Sie Tante Pimpernellas hunderttausend Golddollar an das Plinkerton Waisenhaus in New York. Mit freundlichen Grüßen,*

Sebastian, Schornsteinfeger
in der Siedlung Morgenfroh"

Dann geht er glücklich wieder nach Hause.
Hinter einem Fenster im Gasthaus ‚Zur Schnecke' aber steht der schnurrbärtige Mister X und schaut ihm nach.

Der Bart ist ab!

Als die Kinder am anderen Morgen herunterkommen, ist Angela schon da. Es ist warm in der Stube, Kakao steht auf dem Tisch, und der Herr Krah hockt auf der Fensterbank und hat blitzeblanke Augen.

„Guten Morgen", lacht Angela. „Wenn ihr euch freiwillig wascht, will ich euch erzählen, was in der Kassette war."

Und weil Neugierde ungefähr so schwer zu ertragen ist wie Bauchschmerzen, steigen die Kinder entschlossen die Treppe wieder hinauf und waschen sich ein bißchen.

Beim Frühstück berichtet Angela von Tante Pimpernellas Zettel, und wozu Sebastian und sie sich entschlossen haben. Da wird es Ssippi, Ssuri und der kleine C Dur vor Glück so heiß wie an einem Nachmittag im August. Sie möchten lachen und schreien oder Sebastian umarmen. Aber nichts davon bringen sie fertig. Und das liegt vielleicht daran, daß sie ein wenig beschämt sind. Denn, haben sie es eigentlich verdient, daß Basti sie trotz allem behalten will?

Flink wie die Indianerpfeile schießen sie aus der Tür. Und als sie erst einmal ein Stück gerannt sind, finden sie auch ihre Stimmen wieder.

„Wir kriegen eine Mutter!" schreien sie, und:
„Basti hat uns lieber als hunderttausend Golddollar!"

In ihrem Eifer haben sie gar nicht bemerkt, daß
außer ihnen noch jemand das Haus verlassen hat.
Der schwarze Herr Krah ist blitzschnell hinaus-
gehuscht!

„Er ist gesund", hat Sebastian gesagt, „und nun
möchte er seine Freiheit wiederhaben."

Und Angela hat dazu genickt.

Als die Kinder keine Luft mehr bekommen vor
lauter Laufen und Schreien, stehen sie still.

„Ich denke", meint Ssuri endlich mehr zu sich
selbst, „wir müßten Basti eine Freude machen."

„Wir könnten ihm versprechen, daß wir uns bessern", schlägt Ssippi vor.

„Gerede!" krächzt C Dur wegwerfend. „Wir wollen lieber etwas tun!"

„Ich weiß es!" sagt Ssuri. „Wir versöhnen uns
mit den Leuten. Dann freuen sich gleich alle auf
einmal!"

„Und wie sollen wir das anfangen?" fragt C Dur,
und sie zieht einen ihrer Schuhe aus dem Schnee.

„Ganz einfach!" ruft Ssippi.

Er erklärt es ihnen. Bald darauf kann man Sebastians Kinder bei einer ungewohnten Tätigkeit
sehen: sie räumen den Schnee vor den Häusern
fort! Und obschon ihnen bereits nach drei Minu-

ten die Arme ziemlich weh tun, machen sie das
sehr ordentlich. Schließlich haben sie einen gewaltigen Schneehaufen aufgetürmt.

„Daraus bauen wir einen Schneemann für die
Leute!" schlägt C Dur vor. „Vielleicht macht
ihnen das Spaß."

Einen dicken Bauch formen sie, zwei Arme und
einen Kopf. Und auf den Kopf setzen sie C Durs
Hut. Übrigens steht er dem Schneemann bedeu-
tend besser als dem kleinen Mädchen.

Eben wollen die Kinder nach Hause gehen, da
biegt das große, silberne Auto um die Ecke. Tief
in die Polster gelehnt sitzt Kittekitt neben Mister
X. Als der Wagen genau neben ihnen ist, passiert
etwas Überraschendes! Mister X zuckt plötzlich
zusammen und niest. Und wie er den Kopf hoch-
wirft und das Gesicht verzieht, da fällt ihm doch
wahrhaftig sein Schnurrbart von der Oberlippe!
Die Kinder reißen die Augen auf.

„Tante Pimpernellas Chauffeur!" stammelt Ssuri.
„Ich habe ja immer gewußt, daß ich ihn kenne.
Er hat sich die Haare gefärbt, falsche Augen-
brauen und einen falschen Schnurrbart angeklebt,
– aber deswegen ist er doch Tante Pimpernellas
Chauffeur!"

Ein Abschied, der nicht schmerzt

„Er ist uns aus Amerika bis hierher gefolgt, weil er herausbekommen haben muß, daß Tante Pimpernella hunderttausend Golddollar besitzt", erklärt C Dur Sebastian und Angela.

„Und er vermutet wohl, daß in der Kassette ein Scheck ist", fährt Ssippi fort. „Darum hat er anfangs nach einem Vorwand gesucht, hier ins Haus zu gelangen."

„Schließlich hat er es ja auch geschafft, die Kassette zu stehlen", meint Ssuri. „Und weil er keinen Schlüssel dazu hatte, ist er hier eingebrochen, damals, in dieser stürmischen Nacht."

Und sie erzählen die ganze Geschichte.

„Da war er wohl auch mehr an euren Sachen als an euch interessiert, als er auftauchte und euch mitnehmen wollte", fällt es Sebastian ein. „Er hoffte den Schlüssel dazwischen zu finden."

„Das ist ja die reinste Kriminalgeschichte", staunt Angela.

„Ihr seid zwar sehr tapfer gewesen", meint Sebastian, „aber es gibt eine Art von Tapferkeit, die eigentlich Dummheit ist. Zum Beispiel, wenn Kinder einen Verbrecher bekämpfen, ohne dabei die Hilfe von Erwachsenen zu haben."

Ssippi, Ssuri und C Dur senken die Köpfe. Sie

erkennen plötzlich, in welch großer Gefahr sie geschwebt haben. Noch einmal denken sie an alles zurück. Sebastian sitzt im kornblumenblauen Plüschsessel, und Angela backt einen Schokoladenkuchen. Da klopft es plötzlich ans Fenster. Herr Krah will herein!

„Er möchte bei uns bleiben!" staunt Sebastian.

Er öffnet das Fenster, und schwupp, sitzt der große Rabe auf C Durs Kopf. Und da macht er sich auch wirklich gut.

Die Bürger von Morgenfroh sind währenddessen ziemlich verwirrt. Aus welchem Grund haben Sebastians Kinder vor ihren Türen den Schnee fortgeräumt? Denn, das gibt es doch nicht, daß sie ohne böse Hintergedanken handeln.

Mit dem Schneemann stimmt etwas nicht, denken sie. Wahrscheinlich wird er explodieren!

Stunde um Stunde warten sie, doch als es dann immer noch nicht knallt, wagen sie sich vorsichtig hinaus.

„Seltsam", meint die Frau Biederbock, „es muß ein Wunder geschehen sein."

Und das soll sie in Zukunft noch oft denken.

Tage vergehen. Sebastian arbeitet wieder wie früher, und manchmal, wenn er auf den Dächern steht, spricht er mit Tante Pimpernella, die oben im Himmel wohnt, gleich über den Schornsteinen. Was er mit ihr redet, weiß natürlich niemand,

doch wenn Sebastian abends nach Hause kommt, hat er immer ein fröhliches Gesicht.

Angela kocht und backt und beschäftigt sich mit den Kindern. Sie kennt die schönsten Lieder – ein komplettes Dorf aus Papier kann sie aufbauen; sie erfindet immer neue Spiele, die so spannend sind, daß einem die Luft wegbleibt. Und sie kann die Spuren der Tiere im Schnee unterscheiden. Und außerdem erzählt sie die wunderbarsten Geschichten.

„Woher weißt du das alles?" fragt die kleine C Dur einmal.

„Ich weiß es aus den Büchern", antwortet Angela. „Jedes Buch ist eine kleine Welt für sich, voll von überraschenden Ereignissen und Dingen."

Und während die Kinder daran denken, daß sie nicht lesen können, pflanzt sie winzige Ableger in Tante Pimpernellas Blumentöpfe. Im Frühling werden sie blühen, und das wird dann sehr hübsch aussehen.

„Strickst du mir einen Fußwärmer?" fragt Ssuri.

„Nein", lacht Angela, „das werde ich bestimmt nicht tun. Schließlich bist du noch lange kein Opa. Wenn du kalte Füße hast, dann lauf ein Stück!"

Ssuri blickt sie schweigend aus seinen abgrundtiefen schwarzen Augen an. Angela hat **recht**. Das ist das Erstaunliche an ihr — sie hat immer recht!

Aber obwohl die Kinder jetzt manches einsehen, sind sie nicht etwa Musterkinder geworden. Und es besteht wohl auch wenig Aussicht, daß sie es jemals werden. Gestern noch hat Ssippi Sebastian ein bißchen Salz in den Kaffee gestreut. Aber es war wirklich nur ein ganz kleines bißchen, und Sebastian hat es überhaupt nicht gemerkt.

Eines Mittags sitzen sie miteinander in der Stube. Die Sonne scheint auf den Schnee, und alle Bäume sind mit bunten Vögeln besetzt, daß sie aussehen wie geschmückt.

„Dieser Mister X", sagt Sebastian plötzlich, „schleicht immer noch ums Haus. Er will die Jagd nach den hunderttausend Golddollar nicht aufgeben."

Angela lacht. „Da kann er lange suchen."

„Man müßte . . ." sagt die kleine C Dur, und sie entwickelt eine tolle Idee.

Das heißt, eigentlich ist es ein sehr frecher Streich, aber einen Verbrecher darf man schon einmal an der Nase herumführen, besonders, wenn man ihn dadurch los wird. Und darum sind Angela und Sebastian auch damit einverstanden.

Sie hocken sich rund um den Tisch, und Angela schreibt mit verstellter Schrift auf ein Blatt Papier:

„Wenn du diesen Zettel findest, wirst du bald ein reicher Mann sein. Ich, deine Tante Pimpernella,

habe für dich ein Vermögen im südamerikanischen Urwald versteckt. Sofern du meine Anweisungen genau befolgst, wirst du es sicher finden. Kaufe dir eine Flugkarte und fliege nach Südamerika. In Sao Paulo steigst du aus und fährst mit der Eisenbahn hundert Kilometer in südlicher Richtung. Du wirst in eine kleine Stadt gelangen, in der du einige Vorbereitungen treffen mußt. Zuerst miete ein paar Eingeborene als Führer, ein Lastkamel und ein Kamel zum Reiten. Kamele sind zwar in Südamerika ziemlich selten, aber du wirst schon welche auftreiben. Außerdem benötigst du einen Kompaß, drei Spaten, eine Axt und einen kleinen Kran zum Heben des Schatzes, denn er ist tief in der Erde versenkt. Ferner kaufe eine starke Laterne, Verpflegung für drei Wochen und einen Sack Salz zur Zähmung der wilden Tiere.

Reite drei Meilen südwestlich, bis du an einen hohen Felsen gelangst, der steil zum Himmel aufsteigt, und folge seinem Schatten in einer Vollmondnacht um zwölf. So kommst du in den Urwald. Die Sümpfe lasse rechts liegen und bahne dir einen Weg gen Südost. Nach einem dreitägigen Ritt wirst du das Gebiet der toten Bäume erreichen. Grabe unter dem fünfundachtzigsten von rechts, und du wirst gewiß erstaunt sein!

Es grüßt dich deine Tante Pimpernella."

Dazu zeichnet Sebastian einen umfangreichen Plan, und beides zusammen legen sie in die Kassette. Die Kassette stellen sie auf den Tisch und lassen den Schlüssel stecken.

„Aber jetzt", meint Angela, „wie wollen wir ihm die Kassette zuspielen?"

„Das ist ganz einfach", sagt Ssuri. „Wir brauchen bloß alle zusammen das Haus zu verlassen."

An diesem Abend ißt Sebastian mit allen im Gasthaus ‚Zur Schnecke'. Den alten Herrn Zwirbel mit der goldenen Katze haben sie auch dazu eingeladen.

Und kaum hat Mister X, der ja im Gasthaus wohnt, sie erblickt, hat er nichts Eiligeres zu tun, als sich davonzumachen.

Spät, als Sebastian mit den Kindern heimkehrt, ist der Tisch leer. So leer, wie die Stelle unter dem fünfundachtzigsten Baum von rechts tief im südamerikanischen Urwald.

Das letzte Kapitel

Noch in derselben Nacht ist Mister X abgereist, und mit ihm Kittekitt. Es ist eine sehr erfreuliche Tatsache, nur haben sie leider beide vergessen, beim Wirt vom Gasthaus ‚Zur Schnecke‘ ihre Rechnungen zu bezahlen. Doch nachdem die ganze Geschichte bekannt wird, legen alle Leute aus Morgenfroh zusammen und helfen mit, den Schaden zu ersetzen. Sogar Sebastians Kinder kramen ihre drei Dollar fünfzig hervor.

Und weil der Wirt froh ist, nun endlich wieder in seinem Bett schlafen zu können, vergißt er die Sache schnell.

Bei Sebastian wird morgen Hochzeit sein, und es wird bestimmt ein großes Fest. Angela hat hübsche Kleider für die Kinder genäht, und nun schneidet sie Ssippi die Haare.

„Heute hat uns der Lehrer Schlick gegrüßt", erzählt Ssuri, und er überlegt, ob es vielleicht doch gar nicht so schlimm wäre, zur Schule zu gehen.

„Wenn ich erst Bücher lesen kann", sagt die kleine C Dur, und es ist gerade, als ob sie seine Gedanken erraten hätte, „werde ich ein interessantes Kind sein. Jederzeit werde ich Geschichten erzählen. Morgens, mittags und abends."

Sie hockt sich auf den Fußboden und betrachtet ihre neuen Schuhe. Zwar haben sie keine hohen Absätze, aber dafür kann man gut darin laufen.

Sebastian sitzt behaglich im kornblumenblauen Plüschsessel.

„Horcht", sagt er, „wie der Schnee aufs Dach tappt. Als ob er winzige weiche Pfoten hätte."

„So ist es", bestätigt Ssippi, und er bemüht sich, aus seinen abgeschnittenen Haaren einen Rasierpinsel zu basteln. „Schön ist es in Morgenfroh. Und wenn man bedenkt, wie der Mister X nun im Schweiße seines Angesichts nach dem Schatz gräbt . . ."

Da müssen sie alle lachen. Sebastian aber spürt, wie ihn so etwas wie Rührung überkommt. Hat er nicht das schönste Leben von der Welt? Angela mit den tabakbraunen Augen ist bei ihm, drei besserungsfähige Kinder gehören ihm, Mister X ist abgereist und mit ihm Kittekitt, die nichts als elegant war, Herr Krah sitzt auf seiner Schulter und putzt sich, draußen ist ein richtiger schöner Märchenwinter, und morgen kommen alle Leute zur Hochzeit.

Ja, und wie würde er sich erst freuen, wenn er wüßte, daß ihm jeder von ihnen eine große Tüte voll Sahnebonbons mitbringt!

„Ich bin so glücklich wie ein Märchenprinz", sagt er laut.

„Wir auch!" schreit die kleine C Dur. Sie schwingt übermütig ihre Gitarre durch die Luft, und weil sie dabei leider die Lampe berührt, geht es ‚klirr', und ein Häufchen Scherben liegt am Boden.

Aber richtige Musterkinder werden sie wohl nie werden — die bezauberndsten Kinder der Welt.

142

Kinderbücher von Gina Ruck-Pauquèt
mit vielen Bildern
in den Ravensburger Taschenbüchern

Gespenster essen kein Sauerkraut
Zwei freche Geschichten aus Blumenhausen.   Band 38

14 höllenschwarze Kisten
Viel Wirbel um Herrn Bubbelkühms Erfindung   Band 62

Sandmännchen erzählt, Band 1
Sandmännchen erzählt, Band 2
Über 30 Gutenachtgeschichten.   Band 71 + 111

Mit Spargel schießt man keine Hasen
Hilfe! Wer rettet Hasenhorsts zahme Hasen?   Band 106

Die bezauberndsten Kinder der Welt
Schornsteinfeger Sebastians ungewöhnliche Erbschaft.
    Band 136

Die kleinen Gauner von Bampione
Wann ist in Bampione wieder Ruhe? Serafino, Kiko
und Bambolino haben tolle Einfälle.   Band 261

Bim aus der Schlauchgasse
Bim ist verzweifelt: die Klubkasse ist leer – einer
der Freunde ist ein Dieb.   Band 303

Oliver hat einen Löwen
Eine Woche lang erleben Oliver und der Löwe die merk-
würdigsten und spannendsten Dinge.
Mein erstes Taschenbuch   Band 26